# WAS MACHT DAS PFERD
# DA AUF DER FAHNE?

# WAS MACHT DAS PFERD DA AUF DER FAHNE?

## DAS NRW-KINDER-LEXIKON

Dorothee Haentjes-Holländer (Text)

Silke Schmidt (Illustration)

GREVEN VERLAG KÖLN

# INHALT

# VORWORT

MÜNSTER

Nordrhein-
Westfalen

DETMOLD

ARNSBERG

DÜSSELDORF

KÖLN

**In jedem Kind steckt ein Entdecker. Denn Kinder sind neugierig. Sie wollen die Welt verstehen.**

Kinder wollen oft so viel wissen, dass Erwachsene auf manche Kinderfragen gar keine Antwort haben. Da ist es gut, dass es jetzt ein **NRW-Kinderlexikon** gibt, in dem wissensdurstige Jungen und Mädchen viel Neues über unser schönes Land Nordrhein-Westfalen erfahren können. Bei uns in **Nordrhein-Westfalen** gibt es viel zu entdecken. Und ich wünsche mir,

6

dass unsere Kinder neugierig bleiben, dass sie auf ihren »Entdeckungsreisen« nicht nur etwas über die Welt lernen, in der wir leben, sondern dass sie dabei auch sich selbst entdecken, ihre Fähigkeiten und ihre Talente. Wir Erwachsenen müssen dafür sorgen, dass alle Kinder diese Chance bekommen. Jedes Kind hat Talente, jedes Kind ist wichtig. Sie sind das Wertvollste, was wir haben. Deshalb wollen wir bei uns in NRW auch kein Kind zurücklassen.

Ich finde, das NRW-Kinderlexikon ist richtig gut gelungen. Das Stöbern darin hat mir Spaß gemacht, und ich bin mir sicher, dass es viele Jungen und Mädchen neugierig macht, auch Antworten auf solche Fragen zu finden, die hier nicht beantwortet werden können. Den jungen Leserinnen und Lesern wünsche ich viel Freude auf ihrer »Entdeckungstour« durch das Land mit dem Pferd auf seiner Fahne.

Hannelore Kraft
Ministerpräsidentin in NRW

# EINLADUNG ZUM NEUGIERIGSEIN!

**Vorschlag: Fragt mal einen Erwachsenen: »Was ist ein Lexikon?« Die Antwort wird lauten: »Ein Lexikon ist ein Nachschlagewerk. Es dient dazu, Wissen zu vermitteln.«**

Das stimmt zwar — aber dies ist eben eine dieser typischen, etwas trockenen Erwachsenenantworten. Zum Glück können wir etwas Spannenderes sagen: Ein Lexikon ist eine Schatztruhe! Ein Überraschungs-paket für alle Neugierigen, Löcher-in-den-Bauch-Frager und Warum-Wieso-Weshalb-Bohrer, eine Wundertüte, die geradezu überquillt von Bildern und Geschichten. Dann jedenfalls, wenn dieses Lexikon in seiner Machart aus dem üblichen Strickmuster ausbricht.

Normalerweise werden in einem Lexikon zu jedem Buchstaben des Alphabets möglichst viele Begriffe, sogenannte Lemmata, aufgelistet und in Artikeln erklärt. Die Frage bei dieser Herangehensweise ist allerdings: Kann so ein Lexikon, auch wenn es noch so viele Begriffe und Artikel beinhaltet, denn jemals wirklich vollständig sein? Nein, das kann

es leider nicht. Darum geht dieses NRW-Lexikon für Kinder den genau umgekehrten Weg: Für jeden Buchstaben des Alphabets wurde nur ein Begriff ausgewählt und im Hinblick darauf untersucht, was er für NRW bedeutet. Sicher hätte es für einzelne Buchstaben auch mehrere Begriffe gegeben, anhand derer es sich lohnen würde, über Nordrhein-Westfalen zu sprechen. Aber, wer weiß? Vielleicht finden sich diese ja eines Tages in einem zweiten Band des NRW-Kinderlexikons.

Bei manchen Begriffen werden sich unsere Leserinnen und Leser auch wundern — und feststellen, dass wir hier und da bei der Auswahl ein bisschen »um die Ecke gedacht« haben. Um ehrlich zu sein: Das hat uns ganz besonderen Spaß gemacht. Denn neben der Vermittlung von Wissen widmet sich dieses Lexikon für Kinder einer Aufgabe, die immer die Richtschnur bilden sollte, wenn man Bücher für Kinder macht: Es soll unterhalten! Aus diesem Grund wird auch die Frage im Titel unseres Lexikons, »Was macht das Pferd da auf der Fahne?«, um die Ecke herum beantwortet. Unter welchem Begriff, wollen wir an dieser Stelle nicht verraten ... Aber ihr findet es schon heraus!

In diesem Lexikon sind die unterschiedlichsten Geschichten versammelt, historische und gegenwartsbezogene, spannende und lustige. Es ist ein Stück Heimatkunde und gleichzeitig ein Rundblick in die weite Welt, wenn man erfährt, bis in welche Regionen unserer Erdkugel die Produkte, die Erfindungen und das technologische Wissen dieses Bundeslandes gelangen. Bestimmt ist mit diesem Lexikon die Vielfalt NRWs nicht erschöpfend behandelt. Wer sich aber für den Anfang erst einmal durch die hier aufgeführten Begriffe von A bis Z hindurchliest, dem macht so schnell niemand mehr über unser Bundesland ein X für ein U vor!

Viel Spaß beim Lesen!

# A WIE AUTO

**Einsteigen, Motor starten, losfahren! Das ist für uns eine Selbstverständlichkeit. Aber ist uns eigentlich klar, dass die Maschine, die da unter der Motorhaube brummt, in weiten Teilen eine Erfindung aus Nordrhein-Westfalen ist?**

Im 19. Jahrhundert war Deutz, das heute ein Stadtteil von Köln ist, eine eigene kleine Stadt. Dort wohnte der Kaufmann und Unternehmer Nicolaus August Otto mit seiner Ehefrau und seinen sieben Kindern. Schon seit den 1860er-Jahren tüftelte er an einer Maschine, von der er glaubte, dass sie für die Zukunft wichtig werden würde. Die ersten »**Automobile**« — das heißt übersetzt: »**Selbstbeweger**« — gab es bereits. Diese Automobile waren kleine **Dampfmaschinen**, die mit Wasser und Brennstoff versorgt werden mussten wie Lokomotiven, damit sie fahren konnten. Das war kompliziert, denn es war nicht gesagt, dass man beides zur Hand hatte, wenn die Maschine gerade ausgegangen war und das Auto stand. Beides ständig mitzuführen hätte aber Platz gebraucht und das Gewicht des Automobils erhöht.

Ein großer Fortschritt war da schon der Gasmotor des Belgiers Étienne Lenoir, mit dem man eine Strecke von neun Kilometern

Nicolaus August OTTO

10

in etwa drei Stunden zurücklegen konnte — das ist etwas langsamer als zu Fuß zu gehen. Bei diesem Motor handelte es sich um einen sogenannten Zweitaktmotor. **Nicolaus August Otto** erfand im Jahr 1876 den »**Viertaktmotor**«, einen Motor, der zwar schwerer war, dafür aber bei geringerem Energieverbrauch den Motorkolben in einem entscheidenden Moment mit mehr Kraft bewegte. Ein Modell dieses Motors befindet sich heute vor dem Bahnhof in Köln-Deutz. Das Rad mit der Stange sieht allerdings ganz anders aus als die Motoren, die wir aus unseren modernen Autos kennen. Und tatsächlich ist der »**Ottomotor**«, mit dem heute so gut wie jedes Auto auf der Welt fährt, nicht mehr genau der Motor, den Nicolaus August Otto damals erfunden hat. Der moderne Motor wurde nur Otto zu Ehren nach ihm benannt, denn ohne die Vorarbeit des Kölner Erfinders hätte man diesen Motor nicht entwickeln können.

Seit dem Jahr 1864, in dem Nicolaus August Otto zusammen mit seinem Geschäftspartner Eugen Langen in Deutz die erste Motorenfabrik der Welt gründete — und wo der von ihm erfundene Viertaktmotor ab 1876 produziert wurde —, ist NRW ein regelrechtes »**Autoland**« geworden. Drei große Fahrzeughersteller siedelten sich im Lauf der Zeit hier an: die Adam Opel AG in Bochum, die Ford-Werke GmbH in Köln und die Daimler AG in Düsseldorf. Zeitweise produzierten diese Werke insgesamt jährlich über 700 000 Fahrzeuge, die in die gesamte Welt verkauft wurden.

Um ein Auto zusammenzubauen, benötigt man viele Einzelteile, und nicht alle diese Einzelteile stellen die Autofirmen selbst her. Man braucht zum Beispiel Stoff und Polsterung für die Sitze, Teppichboden, Plastik, Gummi, Glas, Leuchtmittel und vieles mehr. Die Firmen, die diese Dinge speziell für die Autos produzieren, nennt man »**Zulieferfirmen**«, und auch sie haben sich in NRW angesiedelt, um in der Nähe ihrer Kunden, der Autohersteller, zu sein.

Auch viele Leute, die seit jener Zeit in die Fußstapfen des Nicolaus August Otto treten, die Tüftler, Bastler und Erfinder, leben in Nordrhein-Westfalen und treiben hier die Auto-Forschung weiter voran:

Immer bessere Motoren müssen entwickelt werden, um die Rohstoffe der Welt zu schonen und die Umwelt weniger zu belasten. Die Materialien und die Bauweise der Karosserie müssen laufend verbessert werden, damit das Autofahren sicherer wird. Und dann geht es auch noch darum, die Fahrt im Auto für die Passagiere zunehmend bequemer zu machen. Dazu haben sich eigene **Forschungszentren** entwickelt, nicht nur die der Auto-

firmen, sondern auch eigenständige Unternehmen. Und an den Fachhochschulen und einigen Universitäten des Landes kann man das Autobauen sogar studieren. Die Autoindustrie schafft somit zahlreiche **Arbeitsplätze** in NRW: in der Fertigung und im Handel, in der Forschung und in der Lehre. In den letzten Jahren ist die Nachfrage nach Neuwagen in der ganzen Bundesrepublik allerdings deutlich zurückgegangen. Das liegt daran, dass ein beträchtlicher Teil der Autofahrer für ein Auto nicht mehr so viel Geld wie bisher ausgeben kann oder auch einfach nicht möchte. In nahezu allen Großstädten gibt es mit dem »Carsharing« mittlerweile die Möglichkeit, ein Auto nur dann zu mieten, wenn man es braucht, für einen Tag zum Beispiel oder sogar nur für ein paar Stunden. Anstatt sich für wenige Gelegenheiten einen eigenen Wagen anzuschaffen, nutzen viele Menschen lieber dieses Angebot.

Dennoch: NRW ist und bleibt ein Autoland. Es kann schon ein bisschen stolz machen, zu wissen, dass unser Land einen maßgeblichen Anteil an der Erfindung und Weiterentwicklung eines Verkehrsmittels hat, das für uns so selbstverständlich geworden ist — und das heute ein ganzes Stück schneller fährt als neun Kilometer in drei Stunden ...

# B WIE BAUERNHÖFE

**Wenn wir morgens unseren Frühstückstisch decken, können wir viele Erzeugnisse aus unserem Land darauf stellen. Denn NRW ist nicht nur ein bedeutender Industriestandort, sondern auch ein wichtiges Agrarland. Rund die Hälfte der Fläche Nordrhein-Westfalens wird landwirtschaftlich genutzt, und so produziert NRW praktisch alles, was man zum Leben braucht: Fleisch und Wurst, Brot und Backwaren, Milch und Milcherzeugnisse, Obst und Gemüse.**

Östlich und nördlich des Ruhrgebiets wird NRW grün. Es gibt tolle Wälder, riesige Wiesen und Äcker. Im Münsterland finden sich viele große Bauernhöfe, die diese Flächen bewirtschaften, mit Tierzucht, mit Milchwirtschaft, mit dem Anbau von Futtermitteln für die Tiere und mit der Erzeugung von Gemüse und Getreide für den menschlichen Verzehr. Auch am Niederrhein, wo das Land sehr flach ist, gibt es zahlreiche Höfe. Wegen der weiten Wiesen des Landes, die durch den hohen Grundwasserstand des nahegelegenen Rheins zum Teil oft unter Wasser stehen, wurde hier früher besonders viel Milchwirtschaft betrieben. Schwarzbunte Kühe waren sogar eine Art Markenzeichen der niederrheinischen Landschaft. Im Bergischen Land dagegen trifft man bis heute vielfach Schafe an, und der Landstrich zwischen Köln und Bonn, das sogenannte Vorgebirge, galt lange Zeit als »Obstgarten für das Ruhrgebiet«.

Früher mussten sich die Landwirte den Bedingungen ihrer Böden und der Natur anpassen, heute sind Bauernhöfe oftmals hoch technisierte Betriebe. Obgleich die Landwirtschaft immer noch eng an die Natur gebunden ist, helfen die Möglichkeiten moderner Düngung und Bewässerung den Landwirten über manche ungünstige Witterung und schwaches Pflanzenwachstum hinweg. So etwas war früher undenkbar. Wie es vor noch wenigen Generationen auf Bauernhöfen und in den Dörfern zuging, kann man sich in **Freilichtmuseen** ansehen. Dort sind aus historischen Häusern, die früher an anderen Stellen standen und Stein für Stein abgetragen und wieder aufgebaut wurden, Dörfer neu zusammengestellt worden. Hier erleben die heutigen Besucher, wie es früher auf dem Land zuging: Anstatt des Brummens unserer Autos hörte man das Klappern von Pferdehufen. Pferde zogen die Gespanne, auf denen alles transportiert wurde, was von einem Ort zum anderen geschafft werden musste. Manchmal gab es auch Ochsenkarren. Alle Tiere — nicht nur die Kühe, Schweine, Ziegen, Schafe und andere Stalltiere, sondern sämtliche Tiere eines Ortes — hatten ihre Aufgaben: Die Hunde bewachten die Höfe, die Katzen kümmerten sich darum, dass die Mäusefamilien nicht zu groß wurden und den Menschen die Vorräte wegfraßen. Selbst die Enten und Gänse auf dem Dorfteich waren nützlich: Sie lieferten Eier und Federn, ebenso wie die Hühner, die zudem die Schnecken aus

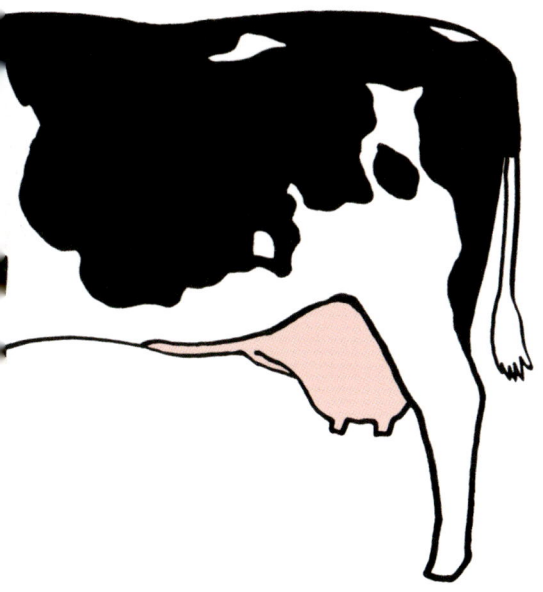
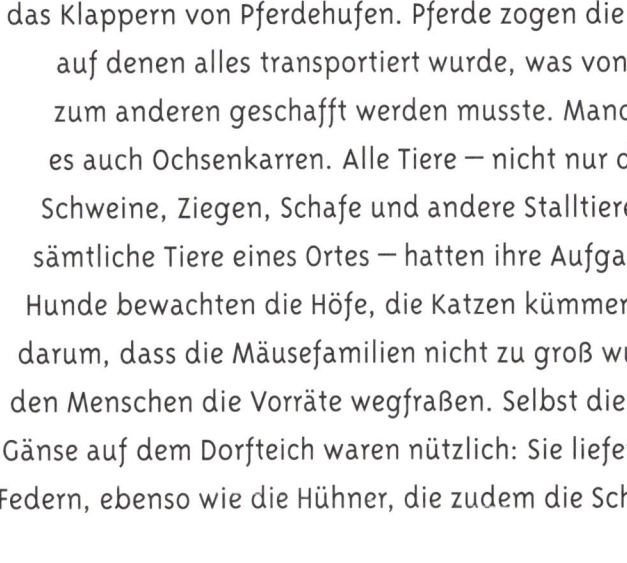

15

dem Gemüsegarten pickten. Das klingt alles ganz gemütlich — aber war es das wirklich?

Nein, das Leben auf dem Land war früher alles andere als bequem, für die ärmeren Leute wie Knechte und Mägde ohnehin, aber auch für die reicheren. Viele schwere Arbeiten mussten von Hand verrichtet werden, das war sehr anstrengend. Leichter wurde die Arbeit erst, als vor etwa hundert Jahren die ersten Maschinen eingesetzt werden konnten. Heute verwendet man für die Arbeit in der Landwirtschaft Maschinen von gigantischen Ausmaßen, so wie in den meisten Ställen mittlerweile auch nicht mehr nur ein paar Kühe, Schafe oder Hühner gehalten werden, sondern riesige Herden. Und die heutigen Bauern heißen offiziell »**Landwirte**« oder auch »**Agraringenieure**«. Früher übernahm der Sohn den Hof vom Vater und hatte schon von Kindesbeinen an alle Arbeiten gelernt, die auf dem Hof anfielen. Heute kann man Landwirtschaft an der Universität studieren. Viele Bauern sind selbst kaum noch mit ihren Traktoren unterwegs, um auf den Feldern zu arbeiten, das erledigen in den größeren Betrieben die Angestellten. Der Computer, das Internet und das Telefon sind auch für die Bauern heutzutage unverzichtbare Arbeitsmittel geworden.

Ein wichtiges Stichwort in unserer Zeit heißt »**Ökologie**«. Unsere Landwirte müssen zum Schutz der Umwelt und zum Schutz unserer Gesundheit nach strengen Regeln arbeiten und produzieren. Gleichzeitig wird die Nachfrage der Verbraucher nach immer mehr Lebensmitteln immer höher. Das hat auch damit zu tun, dass wir

heute Lebensmittel leichter wegwerfen als früher. Besonders die **Massentierhaltung** ist oft problematisch und nicht besonders tierfreundlich. Als Antwort darauf gibt es hier in NRW schon mehr als 1800 biolandwirtschaftliche Betriebe und die Nachfrage der Verbraucher nach **Bio-Produkten** steigt weiter an. Zurzeit leben in NRW etwa 18 Millionen Menschen — und mehr als 20 Millionen Nutztiere. Ist die Vorstellung nicht schön, dass vielleicht ein kleines rosa Ferkel auf einer westfälischen Wiese steht und denkt: »Da habe ich aber wirklich Schwein gehabt, dass ich ausgerechnet hier lebe?!«

Bio bitte!

# C wie CHEMIE

**Geburtstag, Weihnachten, Ostern: Dies sind Feste, die jedes Jahr wiederkehren.
Aber wer hat je davon gehört, dass es auch einmal ein »Benzolfest« gab?**

Diese seltsame Feierlichkeit — die übrigens auch nur ein einziges Mal stattgefunden hat — wurde zu Ehren eines gewissen August Kekulé abgehalten. Dieser Mann war von Beruf Chemiker und machte im Jahr 1865 eine wichtige Entdeckung: Er konnte die Struktur einer bisher unbekannten Kohlenstoffverbindung, des Benzols, bestimmen. Diese Entdeckung war ein Meilenstein für die Chemie, denn aus ihr ergaben sich neue Wege, Farben, Lösemittel und Arzneien herzustellen. Um die Formel anschaulich zu machen, baute Kekulé ein Modell aus weißen und schwarzen Holzkugeln. Und weil diese geschlossene Kette durch die Kugeln so höckerig und wulstig war wie früher eine Wurst im Naturdarm, gab Kekulé seiner Formel den Namen »Wurstformel«.

So lustig der Name »**Wurstformel**« klingen mag — die Entdeckung der Benzolformel machte August Kekulé mit einem Schlag derart berühmt, dass er bald Direktor der neuen Forschungsstätte wurde, die der preußische Staat damals gerade baute. Man nannte dieses Institut aufgrund seiner prunkvollen Ausstattung »**Chemiepalast**«. Er gehörte zur Universität Bonn und war damals das größte chemische Institut der Welt. Er steht bis heute an seinem Platz im Bonner Stadtteil Poppelsdorf, zusammen mit einer Bronze-Statue, die an **August Kekulé** erinnert.

Während der Bonner Chemiepalast ein reines Forschungsinstitut war und blieb, hatten sich viele der privaten Betriebe aus der Verarbeitung von Reststoffen entwickelt, die in der »Montanindustrie« des Ruhrgebiets entstanden, also bei der Gewinnung von Kohle, Kohleprodukten und in der Stahlproduktion. Auch diese Unternehmen, die in erster Linie etwas verkaufen wollten, betrieben immer schon eigene Forschungen, um neue Stoffe für die Zukunft zu finden.

Seitdem ist die **Chemie** am **Rhein** geblieben. Die Lage ist für alle chemischen Betriebe wichtig, denn sie benötigen viel Wasser zur Kühlung der Anlagen und zur Herstellung der Produkte. Darüber hinaus dient der Fluss als **Transportweg**. So entwickelte sich zum Beispiel auch die Stadt Duisburg, die gleichzeitig über den größten **Binnenhafen** Europas verfügt, zu einem wichtigen Industriestandort. Von der südlichen Landesgrenze, die kurz hinter Bonn verläuft, bis hinauf an die holländische Grenze gibt es zahlreiche große chemische Betriebe. In Wesseling bei Köln steht die größte **Raffinerie** Deutschlands. Dort werden aus Rohöl Kraftstoffe, Flüssiggas und Mineralölprodukte hergestellt. Aus diesen **Mineralölprodukten** entstehen durch Weiterverarbeitung zum Beispiel Kunststoffe.

Ein kleines Stück rheinaufwärts, bei Leverkusen und Düsseldorf, haben sich Unternehmen wie Henkel und Bayer angesiedelt, die Körperpflegeprodukte, Gesundheits- und Arzneimittel, Reinigungsmittel und Klebstoffe herstellen. Die Bayer-Werke machten im Jahr 1896 eine, wie sie dachten, wichtige Entdeckung, nämlich ein Mittel, das der Gesundheit der Menschen auf vielfältige Weise dienen sollte: Es wirkte als Schmerz- und Hustenmittel, half bei Bluthochdruck, Lungenerkrankungen und Herzerkrankungen und es wurde als Narkosemittel verwendet. Vor allem aber glaubte man, ein nicht abhängig machendes Mittel gegen die Entzugserscheinungen beim Absetzen von anderen Schmerzmitteln, sogenannten Opiaten und Morphinen, gefunden zu haben. Der Name dieses Mittels lautete: Heroin. Erst um das

WURST!

Jahr 1910 erkannte man, dass Heroin in Wirklichkeit eine Droge ist, die sehr, sehr schnell süchtig macht und lebensbedrohliche Folgen nach sich zieht.

Dennoch greifen wir heute täglich auf Produkte der chemischen Industrie zurück. Ein Leben ohne **Kunststoffe** können wir uns überhaupt nicht mehr vorstellen, und unsere Ansprüche an diese Materialien wachsen ständig, genauso wie unsere Erwartungen an die Wirksamkeit von **Arzneimitteln** und die möglichst umweltverträglichen Eigenschaften von Benzin und Heizöl.

Dass es in der Nähe chemischer Werke oft stinkt, hat wohl so gut wie jeder schon einmal bemerkt. Tatsächlich entstehen bei chemischen Prozessen große Mengen zum Teil giftiger Abfallstoffe. Früher ging man damit recht sorglos um, und lange Zeit dachte sich niemand etwas dabei, wenn die Betriebe ihre **Abgase** in die Luft entließen und ihre **Abwässer** in die Flüsse einleiteten. Dies führte bis in die 1970er-Jahre dazu, dass der Rhein, die Ruhr und eine Reihe weiterer Flüsse NRWs biologisch so gut wie tot waren. Mittlerweile gibt es Gesetze, die den Betrieben strenge **Umweltschutzverordnungen** auferlegen, wodurch sich die Gewässer weitgehend erholt haben.

# D WIE DENKMAL

**Ein komisches Wort: Denkmal. Schreiben wir es einmal auseinander und mit einem anderen Satzzeichen: Denk mal!**

Klar! Natürlich denken wir, immer und in jedem Moment! Was will dieses »Denkmal« denn nun eigentlich von uns?

Es will, dass wir gedenken. Dass wir uns an etwas erinnern oder auch — und da sind wir dann doch wieder beim Denken — dass wir uns Gedanken machen über eine bestimmte Zeit, einen Menschen oder über gewisse Ereignisse. Manche Denkmäler werden von vornherein als Denkmäler errichtet. Meistens handelt es sich dabei um Monumente für eine Person oder ein geschichtliches Ereignis. Es gibt aber auch Denkmäler, die ursprünglich eine ganz andere Funktion hatten und erst später zu Denkmälern wurden. Ein Park zum Beispiel kann zu einem **Naturdenkmal** erklärt werden, ein stillgelegter Betrieb zu einem **Industriedenkmal** und ein kunstvolles Gebäude, eine Kirche zum Beispiel, zu einem **Kulturdenkmal**.

Es gibt Stätten, die für die kulturelle Entwicklung der gesamten Menschheit so wichtig oder in ihrer Landschaftsform so einzigartig sind, dass sie die besondere Auszeichnung »**Welterbe**« erhalten.

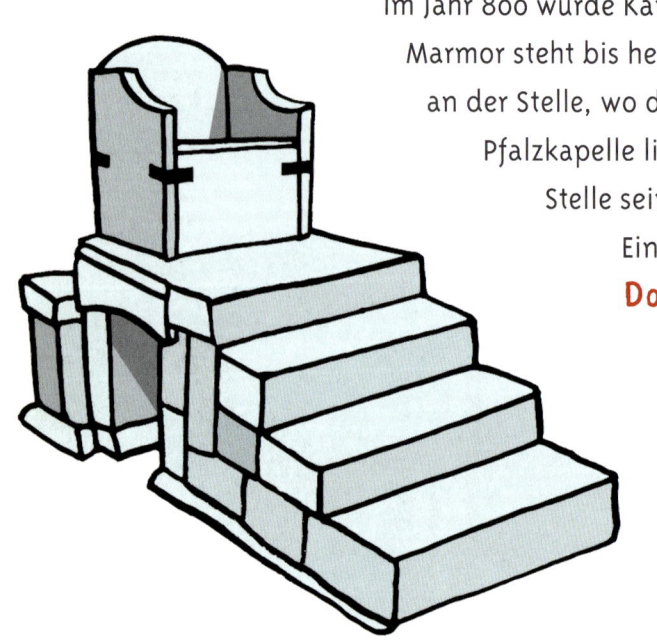

Die Auszeichnungen »**Weltkulturerbe**« und »**Welt-naturerbe**« werden von der UNESCO vergeben, einem Zusammenschluss von 195 Mitgliedstaaten in aller Welt. In NRW gibt es gleich vier UNESCO-Welt-erbestätten: den Aachener Dom, den Kölner Dom, die Schlösser Augustusburg und Falkenlust in Brühl und die Zeche Zollverein in Essen.

Der **Aachener Dom** wurde im Jahr 1978 als erstes Kulturdenkmal Deutschlands überhaupt in die Welterbe-Liste aufgenommen. Er ist ein imposantes Bauwerk aus unter-schiedlichen Baustilen. Den Mittelpunkt bildet die um 800 n. Chr. erbaute achteckige Pfalzkapelle des Frankenkönigs und Kaisers Karl des Großen. Dieser Kaiser war einer der bedeutendsten Herrscher des Abendlandes. Sein Reich erstreckte sich von der Nordsee bis nach Italien und auf den Balkan und vom heutigen Tschechien bis Spanien. Aachen war die Hauptstadt dieses riesigen Reichs. Im Jahr 800 wurde Karl in Rom zum Kaiser gekrönt. Sein Thron aus weißem Marmor steht bis heute in der Pfalzkapelle des Aachener Doms und noch immer an der Stelle, wo der mächtige Herrscher einst auf ihm gesessen hat. In der Pfalzkapelle liegt Karl der Große auch seit 814 begraben. Die genaue Stelle seines Grabes lässt sich allerdings nicht mehr feststellen. Ein weiteres wichtiges Kulturdenkmal in NRW ist der **Kölner Dom**. Er ist eines der bekanntesten Gebäude Deutschlands und wird jährlich von Millionen Touristen (ja, wirklich, nicht nur von Tausenden!) aus aller Welt besucht. Im 13. Jahrhundert begann man den Dom zu bauen, und alle, die auf dieser Baustelle arbeiteten, wussten, dass sie die Fertigstellung dieser riesenhaften Kirche nicht erleben würden. Tatsächlich blieb der Dom über 600 Jahre lang unvollendet. Erst im Jahr 1880 wurde er endlich fertiggestellt. Wer gut trainiert ist, kann den Südturm des Kölner Doms besteigen. Für die insgesamt 533 Treppenstufen bis zur Aussichtsplattform in rund 97 Metern Höhe braucht man allerdings ein bisschen Puste! Und Höhenangst sollte man besser auch nicht haben.

Dass Kirchen, Burgen und Schlösser Denkmäler sind, kommt uns vielleicht nicht weiter erstaunlich vor.

Grüße aus Köln

Schloss Augustusburg

Etwas Besonderes ist es aber, wenn Fabriken und alte Industrieanlagen zu Denkmälern werden. Im Ruhrgebiet gibt es dafür ein berühmtes Beispiel: die Zeche Zollverein in Essen. Im Jahr 1847 wurde der Industriekomplex »**Zollverein**« gegründet. Er bestand aus Schachtanlagen, in denen die Kohle gefördert wurde, aus Verkehrsanlagen und Halden. Zudem gab es die Kokerei, in der die Kohle durch ein bestimmtes Verfahren in den heißer brennenden Koks umgewandelt wurde, und Arbeitersiedlungen. Damals war die Zeche Zollverein die größte und modernste Steinkohleförderanlage der Welt. Über sie haben die Leute jener Zeit ebenso gestaunt wie über eine kunstvoll ausgestattete Kirche oder ein herrschaftliches Schloss. Bis ins Jahr 1986 wurde »auf Zollverein« Steinkohle abgebaut, danach wurde die Zeche geschlossen. Heute ist das Gelände zum Teil ein Museum, in dem man die riesigen stillgelegten Maschinen des einstigen Betriebs besichtigen und sich über das Leben der Menschen im Ruhrgebiet, insbesondere der Bergleute und Bergmannsfamilien, informieren kann. Gleichzeitig haben sich in den historischen Gebäuden auf dem Gelände der Zeche Zollverein, unter dem Wahrzeichen des berühmten Doppelbock-Förderturms, ganz neue »Industriezweige« angesiedelt: Die alte, stillgelegte Zeche ist zu einem Zentrum für Kunst und Kultur, für modernes Design und Architektur geworden.

# E WIE ERFINDER

**Daniel Düsentrieb, Einwohner des Örtchens Entenhausen, hat eine Reihe erstaunlicher Dinge erfunden: den Brotschmierapparat, das Dunkellicht, das tragbare Loch und das Telefon mit eingebautem Bügeleisen. Während diese Dinge aber höchstens im Comic irgendeinen Sinn und Zweck erfüllen, können Daniel Düsentriebs Kollegen aus NRW eine ganze Reihe Erfindungen vorweisen, ohne die wir uns unseren Alltag gar nicht mehr vorstellen können.**

Da ist zum Beispiel **Dr. August Oetker**, ein Apotheker aus Bielefeld, der das Pulver erfunden hat. Nein, nicht das Schießpulver, sondern ein Pulver, das in Milch aufgekocht eine leckere Süßspeise ergibt: Pudding. Na gut, seien wir ehrlich — wirklich erfunden hat dieser Apotheker das Puddingpulver nicht. Er hat nur eine Idee gehabt. Sie gründete auf Erfahrungen mit einem anderen Pulver, dem **Backpulver**. Das Backpulver kam gegen Ende des 19. Jahrhunderts in den USA auf. Es erleichterte das Backen von Brot und Kuchen und sorgte dafür, dass der Teig locker aufging und nicht zusammenklebte. Die bahnbrechende Idee des Dr. Oetker bestand nun darin, dass er die Substanzen, aus denen das Backpulver bestand, in seiner Apotheke zusammenmischte, sie in besonderer Weise haltbar machte und das Ganze in kleine Tütchen abpackte, deren Inhalt genau auf 500 Gramm Mehl abgestimmt war. Mit diesen Tütchen hatte der Unternehmer großen Erfolg. Bald darauf begann er, nach demselben Prinzip Stärke und Aromen zu mischen: die Zutaten für einen **Pudding**.

25

Auch dieses Pulver füllte er in Papiertütchen, jeweils passend für einen halben Liter Milch. Mit dieser »Erfindung« war die Zeit der zähen und pappigen oder auch suppigen Puddinge vorbei. Ab sofort gab es immer richtig leckeren Nachtisch.

Aber der pfiffige Dr. Oetker erfand noch etwas, nämlich das, was wir heute unter dem modernen Begriff »Merchandising« kennen: Er versah alle möglichen Dinge des alltäglichen Lebens mit seiner »Marke«; damit ist das Logo mit einem unverwechselbar gestalteten Schriftzug und im Falle von Dr. Oetker auch noch mit einem Bild gemeint. Dr. Oetker schrieb eigene Rezeptbücher, bot Koch- und Backkurse an und stattete alles mit seiner »Marke« aus. Er druckte seine Rezepte auf die Verpackungen seiner Produkte, verbreitete sie in Zeitungsannoncen und verkaufte Dosen zum Aufbewahren der Backzutaten, die ebenfalls mit dem Logo der Firma geschmückt waren. Später kamen Backformen und andere Küchenhelfer hinzu. Bis heute produziert die Firma immer neue Artikel, die irgendwie mit Kochen und vor allem Backen zu tun haben — und es gibt wohl kaum eine Küche in Deutschland, in der sich Dr. Oetkers Logo nicht auf irgendeiner Tüte oder irgendeinem Küchengerät findet.

Noch eine bahnbrechende Erfindung aus Westfalen begleitet uns täglich: die elektrische **Waschmaschine**. Wer hätte gedacht, dass sie landwirtschaftliche Wurzeln hat? Im Juli 1899 hatten Carl Miele und Reinhard Zinkann im westfälischen Herzebrock bei Gütersloh ein Unternehmen gegründet, das Milchzentrifugen und Buttermaschinen herstellte — beides Geräte, die durch Schleuderkraft funktionieren. Das Wäschewaschen war zu jener Zeit noch eine äußerst anstrengende Arbeit, und nicht nur in Deutschland zerbrachen sich die Ingenieure über die Entwicklung einer elektrischen Waschmaschine die Köpfe. Im Jahr 1900 verknüpften Miele und Zinkann ihre Kenntnisse im Zentrifugen-

bau mit den bislang gewonnenen Erkenntnissen anderer Forscher und bauten die erste elektrische Waschmaschine Deutschlands. Damit hatten Puddingkleckse und alle anderen Flecken keine Chancen mehr!

Noch eine ganze Reihe anderer praktischer Dinge ist in NRW erfunden worden: der zusammenschiebbare Taschenschirm zum Beispiel, der von Hans Haupt aus Solingen im Jahr 1928 entwickelt wurde. Oder auch der Druckknopf in seiner heutigen Form, er stammt aus Stolberg bei Aachen. Eine besonders schöne Erfindung machte bereits im Spätmittelalter ein Bewohner der Burg Schweinheim bei Euskirchen: Der Ritter Spies von Büllesheim, so lautete sein Name, war wohl der erste Mensch, der auf die Idee kam, sich für sein Kleingeld einen Spartopf in Form eines Schweins zuzulegen. Ob er diese Form wegen des Namens seiner Burg wählte oder einfach, weil Schweine traditionell als Glücksbringer und Symbol der Fruchtbarkeit galten, kann man heute nicht mehr sagen. Tatsache aber ist, dass er wohl um das Jahr 1576 auf diese Idee kam und dass sie sich bis in unsere Tage erhalten hat. Und dann gab es noch eine ganz außergewöhnliche Erfindung: das beleuchtete Stopfei. Auch wenn man im ersten Moment überlegt, ob hier nicht vielleicht doch Daniel Düsentrieb am Werk war — nein, diese Erfindung stammt sogar von dem Mann, der später einer der berühmtesten Regierungschefs der jungen Bundesrepublik werden sollte, nämlich von Konrad Adenauer. Durchsetzen konnte sich das Stopfei allerdings nicht.

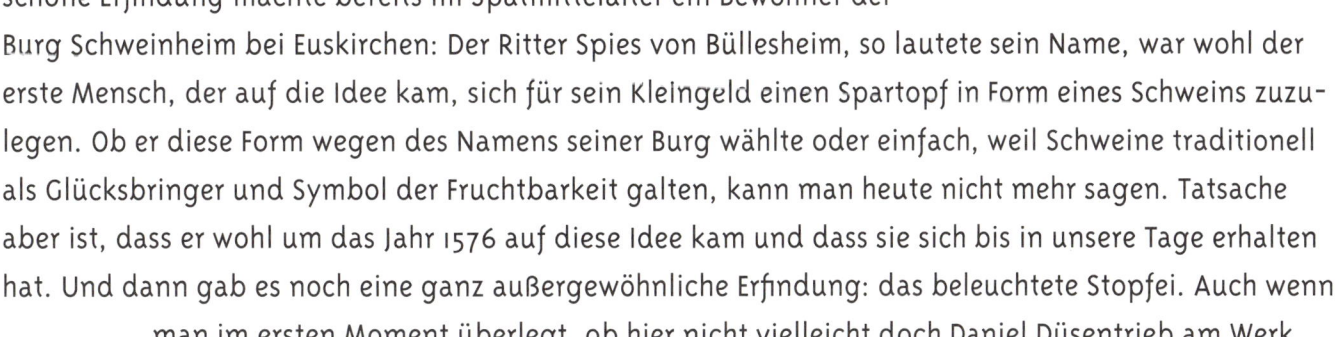

Abgesehen vom **Sparschwein** aus Schweinheim, sind diese Erfindungen wohl allesamt Dinge, die in erster Linie den Erwachsenen zugute kommen. Über eine ganz besondere Erfindung aus NRW freuen sich aber vor allem Kinder auf nahezu der ganzen Welt. Was das ist, wird hier nicht verraten. Des Rätsels Lösung findet sich aber unter dem Stichwort »S wie Süßigkeiten«.

# F WIE FUSSBALL

**Es gibt wohl keine Sportart, die die Völker der Welt so sehr verbindet wie das Fußballspiel. Dafür gibt es ein paar einleuchtende Gründe.**

Zum einen braucht man zum Kicken nicht viel, nicht einmal einen Ball oder richtige Tore, auch nicht unbedingt elf Spieler in jeder Mannschaft und schon gar keinen Schläger oder andere spezielle Geräte. Man braucht nur ein bisschen Platz, vier Gegenstände, die die Tore markieren, und einen Gegenstand, den man als Ball benutzen kann — fertig ist der Bolzplatz! Zum anderen ist Fußball eine der wenigen Sportarten, deren Regeln auf der ganzen Welt absolut gleich sind. Man kann sagen: Fußball ist eine Sprache, in der sich die gesamte Welt verständigen kann!

Auch in NRW spielt Fußball eine ganz wichtige Rolle. Es ist die beliebteste **Mannschaftssportart**: Mehr als 425 000 Mädchen und Jungen in NRW spielen Fußball in einem Verein des Deutschen Fußballbunds, wobei die Anzahl der Jungen mit rund 328 000 etwa dreimal so hoch ist wie die der Mädchen.

Seit dem Ausbau des **Westfalenstadions** in Dortmund während der 1990er-Jahre verfügt Nordrhein-Westfalen

über das größte Fußballstadion Deutschlands. Es fasst mit den Stehplätzen vor der Südtribüne 80 645 Zuschauer bei nationalen Begegnungen. Bei internationalen Spielen, in denen Stehplätze nicht erlaubt sind, hat es immerhin noch 65 829 Plätze. Die Zeitung »Times« aus England, dem Mutterland des Fußballs, nannte die Arena einmal »das schönste Stadion der Welt« — was für ein Lob!

Dass sich vor allem das Ruhrgebiet zu einer begeisterten Fußballregion entwickeln konnte, kam so: Um das Jahr 1900 zogen viele Menschen an die Ruhr, um im Bergbau und in der Stahlindustrie zu arbeiten. Es gab so viel zu tun, dass auch Menschen aus weiter entfernten Landesteilen hierher kamen, wie aus dem heutigen Polen, das damals in Teilen zu Deutschland gehörte. Die Arbeit in den Zechen und Stahlwerken war hart und oftmals eintönig — und reich konnte man durch sie auch nicht werden. Als kurz vor Beginn der 1920er-Jahre die Arbeitszeit etwas verringert wurde, verfügten die Arbeiter über mehr freie Zeit. Da viele von ihnen, insbesondere die Polen, allein und ohne ihre Familien ins Ruhrgebiet gekommen waren, schlossen sie sich in der neu gewonnenen Freizeit zusammen. Früher gab es in den Städten noch mehr Platz und damit auch freie Flächen, die man schnell und ohne Geld zum Fußballplatz umfunktionieren konnte. Genau dies taten die jungen Männer nun — und zwar nur die Männer, denn für Frauen galt das Fußballspielen damals als »unschicklich«. Der **Borsigplatz** in Dortmund, in dessen Nachbarschaft

früher der Eingang zu den Hoesch-Werken lag, wurde zum samstäglichen Treffpunkt der Freizeitfuß-baller. Er gilt bis heute als die Keimzelle des **BVB 09**. Durch die Arbeit im Bergbau und in der Stahl-industrie besaßen die Männer Ausdauer und Kraft, beides konnten sie im Fußballspiel gut einsetzen. Auch ihre Kreativität und ihre sportliche Geschicklichkeit konnten sie nun einbringen, als Ausgleich zu ihrer oft monotonen Arbeit. Und noch etwas war ganz entscheidend: Man musste beim Spielen nicht viel reden, wodurch die sprachlichen Probleme, die sonst zwischen den Alteingesessenen und den Zugezogenen bisweilen bestanden, im wahrsten Sinn des Wortes »überspielt« wurden.

Bis in die Mitte des 20. Jahrhunderts hinein hatten die Fußballspieler alle noch einen sogenannten **Brotberuf**, also eine Berufstätigkeit, mit der sie ihren Lebensunterhalt bestritten, denn mit dem Fußballspielen allein war noch nicht ausreichend Geld zu verdienen. Sie waren zum Beispiel Bäcker, Maurer, Postangestellte oder Bankkaufleute. Je mehr Siegprämien den Mannschaften aber im Lauf der Zeit gezahlt wurden, desto eigenständiger entwickelte sich der Beruf des Profisportlers und damit auch des **Profifußballers**. 1963 war dann ein besonderes Jahr. Die **Fußball-Bundesliga** wurde gegrün-det, und der erste Deutsche Bundesligameister kam aus Nordrhein-Westfalen: Es war der **1. FC Köln**.

Wie wichtig dem Land NRW der Fußball ist, sieht man daran, dass es eine eigene Fußballroute gibt, auf der man zu sämtlichen Fußball-Kultstätten des Landes gelangt, und zwar sowohl mit dem Fahrrad als auch mit dem Auto. 99 »**Ballerlebnispunkte**« bietet diese Tour, an denen

man so gut wie alle wichtigen Fußballereignisse NRWs noch einmal nacherleben kann. Hierzu gehören zum Beispiel der Bolzplatz in Bergheim bei Köln, auf dem Lukas Podolski seine ersten Treffer landete, oder der Ballerlebnispunkt in Essen, der an Helmut Rahn, den Torschützen des »Wunders von Bern«, erinnert, der hier gelebt und gearbeitet hat.

Eines kann man leider nicht verschweigen: Es gibt unter den Fans der Fußballclubs manchmal heftige Rivalitäten, die viel zu oft im Anschluss an die Spiele körperlich ausgetragen werden. Eine solche Art der Auseinandersetzung kann niemals der Sinn von Sport sein. Sie ist sogar in höchstem Maße unsportlich! Denn »sportlich« zu sein heißt auch, eine Leistung anzuerkennen, unabhängig davon, wer sie erbracht hat, und zu akzeptieren, dass der Bessere gewinnt.

Längst finden sich in den Fußballmannschaften des ganzen Landes wie auch in der Nationalmannschaft Spieler aus aller Herren Länder. Das ist gut so, denn der Fußball hat seit jeher Menschen, die sich zunächst fremd waren, zusammengeführt. Hoffen wir, dass die Verständigung zwischen den Menschen durch ihn weiter wächst!

31

# G WIE GOTT

**In NRW ist Gott durch viele Konfessionen vertreten: Christen, Juden und Muslime leben hier. Daneben gibt es Anhänger asiatischer Religionen wie Buddhismus und Hinduismus und eine Reihe weiterer Glaubensrichtungen. Und Menschen, die nicht an einen Gott glauben, gibt es auch.**

In der Verfassung Nordrhein-Westfalens steht, dass jeder glauben kann, was er will, und niemand daran gehindert werden darf, seine **Religion** auszuüben. Aus diesem Grund entstehen in der letzten Zeit in vielen Städten Moscheen für die Menschen muslimischen Glaubens. Lange mussten sich diese

Gläubigen zu ihren gemeinsamen Gebeten in Räumen treffen, die keine besonders schöne Atmosphäre besaßen, in Kellern oder alten Fabrikhallen etwa. Denn da der **Islam** keine traditionelle Glaubensrichtung in Deutschland war, sondern erst durch Einwanderer, sogenannte Gastarbeiter, hierher kam, gab es nur wenige **Moscheen**. Im Jahr 1964 wurde der Grundstein für die erste als Neubau errichtete Moschee NRWs in Aachen gelegt. Die Muslime

stellen die drittgrößte Religionsgemeinschaft in NRW dar, allerdings macht dies dennoch nur etwa 3% der Gesamtbevölkerung aus gegenüber rund 70% der Einwohner, die sich zum **Christentum** bekennen.

Das Christentum ist die traditionelle Religion Deutschlands. Auch in unserem Bundesland gibt es zahlreiche christliche Gemeinden. Die römisch-katholische Kirche hat in NRW mehr Mitglieder als die evangelische. Daneben gibt es Abspaltungen dieser beiden Kirchen: die Altkatholiken zum Beispiel, die ihren Bischofssitz für ganz Deutschland hier bei uns in NRW, genau genommen in Bonn, haben, oder die Neuapostolische Kirche und die Freikirchlichen Pfingstgemeinden. Hinzu kommt noch die christlich-orthodoxe Religion, eine christliche Glaubensrichtung Osteuropas.

Bis zum Zweiten Weltkrieg war auch das **Judentum** eine traditionelle Religion in Deutschland. Zwar gab es in den Regionen, die heute das Bundesland NRW bilden, weniger Juden als etwa in der Hauptstadt Berlin. Aber die Stadt Köln zum Beispiel verfügte immerhin über zwei große Synagogen, in denen sich die Gläubigen am Samstag, auf Hebräisch: dem **Schabbat**, zum Gebet trafen. Nach der Vertreibung und Ermordung der Juden durch die Nationalsozialisten gab es in Deutschland kaum noch jüdische Gemeinden. Erst seit etwa zwanzig Jahren beginnen sie wieder zu wachsen, auch in Nordrhein-Westfalen. Die größte jüdische Gemeinde unseres Bundeslandes befindet sich zurzeit in Düsseldorf.

Immer wieder hat es Menschen gegeben, die glaubten, im Namen ihres Gottes oder ihrer Religion Menschen anderen Glaubens bekämpfen zu müssen. Auch heute ist dies leider noch so. Die Palette reicht von Beschimpfungen und Intoleranz bis zu Anschlägen, die oft tödlich verlaufen. Dabei kann ein solches Vorgehen niemals im Sinne einer Religion sein.

Die Vorstellungen, die sich die Religionen unserer Welt von einem Gott und seinem göttlichen Wesen machen, sind zwar in sich unterschiedlich, letzten Endes aber laufen sie doch alle in einem Punkt zusammen: **Gott** als Ursprung, Verkörperung und Sender einer auf den Menschen gerichteten Liebe. Und der Mensch, der diese göttliche Liebe empfängt, hat den Auftrag, sie in der **Nächstenliebe** wiederum an seine Mitmenschen weiterzugeben. **Mevlüde Genç**, eine gläubige Muslima aus Solingen, die im Jahr 1993 durch einen fremdenfeindlichen Brandanschlag auf das Wohnhaus ihrer Familie zwei Töchter, zwei Enkelinnen und eine Nichte verloren hat, sagt: »Wir müssen zusammenleben wie Geschwister. Wir alle sind Menschen, die von Gott erschaffen wurden. Wir haben den gleichen Gott.« Und dafür sind Mevlüde Gençs Worte der Nächstenliebe wohl der beste Beweis.

# H WIE HAUPTSTADT

Jedes Land hat eine Hauptstadt. Ob dieses Land ein Staat ist, ein Königreich oder ein Bundesland wie NRW — irgendwo sitzen die, die diesen Flecken Erde verwalten oder auch regieren. Früher befand sich in NRW sogar die Hauptstadt der gesamten Bundesrepublik, oder besser gesagt, die provisorische Bundeshauptstadt: Bonn. Erst seit 1990 ist Berlin wieder die Hauptstadt Deutschlands, wie es bereits vor dem Zweiten Weltkrieg war.

Die Landeshauptstadt von NRW ist **Düsseldorf**. Dort wurde am 2. Oktober 1946 der Nordrhein-West-fälische Landtag feierlich eröffnet — und zwar im Opernhaus! Anlässlich dieses »Geburtstags« wurde auch tatsächlich Musik gespielt, aber Arien hat man dort an jenem Tag wohl nicht gesungen. Dennoch spielte das **Opernhaus** eine ganz entscheidende Rolle, dass Düsseldorf überhaupt die Hauptstadt NRWs werden konnte, ganz einfach weil es ein Ort war, der eine größere Anzahl Menschen fassen konnte und nicht im Krieg zerstört worden war. In der Nachbarstadt Köln gab es zu jener Zeit kein Gebäude mehr, das für diesen Zweck tauglich gewesen wäre, denn die Stadt lag nahezu vollständig in Trümmern. So fiel die Wahl auf die zweitgrößte Stadt des jungen Bundeslandes, wobei das rheinische Düssel-dorf außerdem ein Stück näher an **West-falen** liegt als Köln, sodass mit dieser Wahl die Landesteile **Rheinland** und Westfalen gleichberechtigter repräsen-tiert werden konnten. Darüber hinaus nannte man Düsseldorf schon seit dem Ausbau der **Montanindustrie** im Ruhr-gebiet — der Kohleförderung und der Eisen- und Stahlproduktion — ab der zweiten Hälfte des 19. Jahrhunderts den »**Schreibtisch des Ruhrgebiets**«.

Von der Hauptstadt Düsseldorf aus wird ganz NRW regiert. Der Minister-präsident bzw. die Ministerpräsidentin

hat hier seinen oder ihren Amtssitz, ebenso sind in Düsseldorf sämtliche Ministerien des Landes angesiedelt. Ministerien sind Behörden, die sich um die Angelegenheiten kümmern, die in der Verantwortung des Landes liegen oder die vom Land durch Geld unterstützt werden. Das sind zum Beispiel Kultur und Bildung, Gesundheit, Verkehr, Justiz und vieles mehr, kurz: alle Bereiche des öffentlichen Lebens, von denen jeder Mensch, der hier wohnt, irgendwann einmal in irgendeiner Form betroffen ist oder sein kann. Die Chefs dieser Ministerien sind Männer und Frauen, die die Ministerpräsidentin für diesen Job ausgewählt hat. Gemeinsam mit den **Abgeordneten**, früher hätte man gesagt den »Gesandten«, der Parteien sitzen sie im »**Landtag**«.

»Landtag« – was für ein komisches Wort! Man denkt an einen schönen Tag auf dem Land, irgendwo im Grünen. Aber was die Politiker dort in Düsseldorf machen, ist alles andere als eine Landpartie! Denn der »Landtag« – das heißt: die Zusammenkunft der Politiker, die von der Bevölkerung für fünf Jahre gewählt werden, um gemeinsam dieses Land zu regieren – entscheidet über Gesetze und überlegt, wofür das Land Geld ausgeben und wo es sparen soll, welche Einrichtungen die Menschen in NRW brauchen und wovor sie geschützt werden sollen.

Wenn Gesetze beschlossen werden, braucht man jemanden, der sie anschließend um- und durchsetzt, Leute also, die dafür sorgen, dass die Gesetze an die entsprechenden Stellen gelangen und dort angewendet werden. Zudem braucht man Menschen, die sich wiederum um diejenigen kümmern, die im Dienst des Landes arbeiten. Zum Beispiel muss die Bezahlung dieser Angestellten und Beamten organisiert werden, ebenso ihre Arbeitsbedingungen und zum Teil auch ihre Kranken- und Altersversorgung. Außerdem muss es Stellen geben, die die von der Politik freigegebenen Gelder verwalten und verteilen. Das alles findet in Düsseldorf statt.

Neben diesen Aufgaben als Verwaltungsstadt ist Düsseldorf ein wichtiger **Wirtschaftsstandort,** an dem seit mehr als 100 Jahren Körperpflege- produkte, Waschmittel und Klebstoffe produziert werden und mit Stahl und Stahlprodukten gehandelt wird. Auch als Modestadt ist Düsseldorf international bekannt. Darüber hinaus haben sich hier in den letzten Jahrzehnten Anbieter neuer Technologien, Unter- nehmen der Kommunikationsbranche sowie Rechts- und Wirtschafts- beratungsunternehmen angesiedelt. Gleichzeitig sorgen zahlreiche Galerien und die Werbewirtschaft dafür, dass Düsseldorf immer mehr zu einem Dreh- und Angelpunkt für die Kreativwirtschaft wird.

Ein Produkt gibt es übrigens, das wohl als Klassiker unter den Dingen gilt, die aus Düsseldorf stammen: der **Düsseldorfer Löwensenf**. Er ist so scharf wie die Zähne des Löwen, der auf den Etiketten der Gläser seine prachtvolle Mähne schüttelt, und nicht nur den Kölnern treibt es die Tränen in die Augen, wenn sie zuviel davon auf ihr Würstchen gestrichen haben. Aber ob es den sprichwörtlichen Rivalen in der Domstadt nun passt oder nicht: Manchmal ist es durchaus sinnvoll, wenn die Düsseldorfer zu der einen oder anderen Sache ihren Senf dazugeben.

# I WIE INDUSTRIE

Wer mit dem Auto über die Autobahn fährt, wird sie schon einmal am Fahrbahnrand gesehen haben, diese braunen Schilder mit der weißen Schrift, die die Vorüberfahrenden auf Sehenswürdigkeiten an der Wegstrecke hinweisen, auf Schlösser, Burgen und historische Stadtkerne zum Beispiel. Seit dem Herbst 2012 ist in NRW eine ganz neue Art von Hinweisschildern zu den bereits bekannten hinzugekommen: insgesamt rund 15 Schilderpaare — ein Schild für jede Fahrtrichtung —, die auf industrielle Besonderheiten der jeweiligen Region hinweisen.

Mit dem ausgehenden 18. Jahrhundert setzte in Deutschland die »Industrialisierung« ein. Im Jahr 1783 entstand in Ratingen die erste Fabrik nicht nur Deutschlands, sondern des gesamten europäischen Festlands: die Textilfabrik Cromford. Von da an entwickelten sich in den verschiedensten

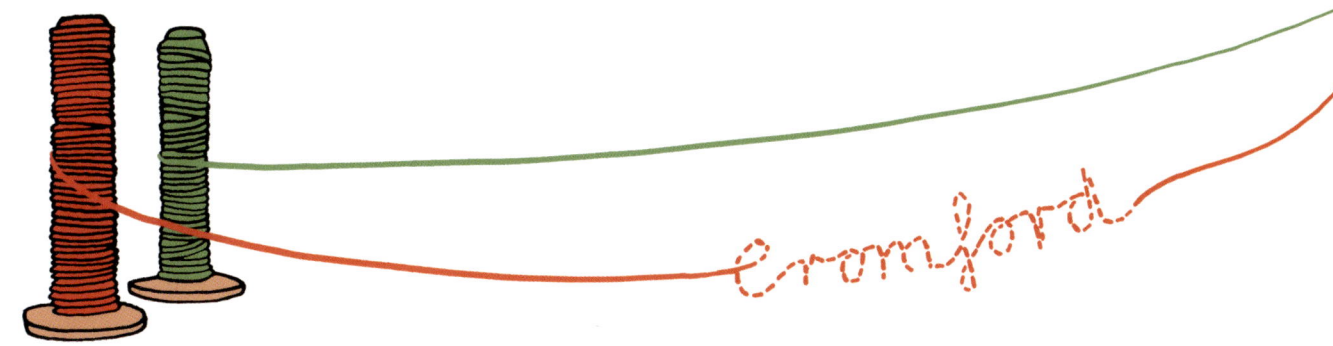

Produktionsbereichen immer mehr große Betriebe, in denen Maschinen die Arbeit von Menschen übernahmen. Bereits in dieser Zeit spielte das heutige NRW eine entscheidende Rolle für das gesamte Land, das damalige preußische Kaiserreich. Der Steinkohleabbau und die Eisen- und Stahlerzeugung im Ruhrgebiet bildeten das Rückgrat für die wirtschaftliche Entwicklung des Staates, wovon natürlich auch die Region selbst profitierte. Immer mehr Arbeitsplätze entstanden und neue Verkehrswege wurden erschlossen, was wiederum die Absatzmöglichkeiten vereinfachte und verbesserte. Bis heute ist es zumeist die **Ruhr-Schwerindustrie**, die die Bilder in den Köpfen der Menschen bestimmt, wenn sie sich unter dem Wort »Industrie« etwas vorstellen: rauchende Schlote, lärmende Maschinen und riesige Fabrikhallen, in denen die Arbeiter, oftmals verschmutzt und verschwitzt, hin und her laufen.

Doch schon damals konnte »Industrie« auch ganz anders aussehen, beispielsweise in den Textilfabrikationen mit ihren Spinnereien und automatischen Webstühlen. Diese Fabrikationsstätten mussten weitestgehend sauber und hell sein, damit die teilweise kostbaren Stoffe keinen Schaden nahmen. Heute hat unsere Industrie erst recht ein facettenreicheres Gesicht; ein Grund dafür ist der sogenannte **Strukturwandel**: Während vor einhundert Jahren die Eisen- und Stahlwerke mit der Herstellung von

Kriegsgeräten beschäftigt waren, brauchen wir diese heute so gut wie nicht mehr, denn wir leben glücklicherweise in friedlicheren Zeiten — zumindest auf unserem Kontinent. Auch in der Autobranche nimmt die Nachfrage nach Metall ab, zum Teil, weil die Hersteller andere Materialien zur Verwendung entwickelt haben, teils aber auch, weil die Bestellung von Neuwagen stark gesunken ist. Dagegen steigt der Bedarf an Dingen, unter denen sich unsere industriellen Vorfahren vor einhundert Jahren nichts vorstellen konnten: elektronische Geräte zum Beispiel, Computer-Software und Speichermedien für Daten und Energie, Produkte der Hightech-Branche also. Mit der Herstellung dieser Güter hat sich die Industrie den veränderten Bedürfnissen unserer Gesellschaft angepasst. Dieser Wirtschaftszweig ist nun ebenso auf dem Vormarsch wie die Kommunikationsbranche und der weite Bereich der Wissenschaft und Forschung.

Entsprechend weisen die neuen Autobahnschilder zwar durchaus noch auf die traditionellen regionalen Industriezweige hin, wie zum Beispiel die Metallverarbeitung im Bergischen Städtedreieck von Wuppertal, Solingen und Remscheid oder die Holzverarbeitungs- und Möbelindustrie im Weserbergland, darüber hinaus aber auch auf die Standorte neuer Technologien. Das Sauerland zum Beispiel beheimatet heute eine hohe Anzahl von Betrieben, die sich auf Antriebstechniken spezialisiert haben, und die Städteregion Aachen hat sich durch die Ansiedlung von Forschungsinstituten im Umfeld der Technischen Universität RWTH Aachen zu einem in Europa führenden Wissenschaftsstandort entwickelt.

Nicht zu vergessen: NRW war und ist die **Chemieregion Nr.1** in Deutschland. Daneben hat es sich zum wichtigsten Energieproduzenten der Nation entwickelt. Fast 30% des gesamten deutschen Strombedarfs entstehen in NRW — allerdings ist hier auch der Verbrauch aufgrund

der geballten Industrieansiedlung am höchsten. Unter allen Gütern, die in NRW produziert werden, ist der Strom die einzige Ware, die nicht durch fahrbare oder schwimmende Untersätze transportiert werden muss. Bei allen anderen Produkten ist dies aber der Fall, und so ist es heute ebenso wichtig wie vor hundert Jahren, dass das Verkehrsnetz genauso gut ausgebaut ist wie all die vielen Dinge, die unter dem Begriff »**Infrastruktur**« zusammengefasst werden. Dazu zählen zum Beispiel die Strom- und Kommunikationsversorgung bis in die hintersten Winkel des Bundeslandes, die Frischwasser- und die Abwasserversorgung sowie Wohnraum, Schulen und Einkaufsmöglichkeiten für die Menschen, die in den Unternehmen arbeiten.

Als eigenständiger Staat wäre NRW eine der stärksten **Exportnationen** der Welt. Heute wie damals ist die Industrie des Landes Basis und Motor für Forschung, Wachstum und Wohlstand. Dazu tragen die großen Konzerne ebenso bei wie die »**Hidden Champions**«, die »versteckten Meister«, also kleine und mittlere Unternehmen, die sich auf ungewöhnliche Produkte spezialisiert haben. Jeder vierte deutsche Weltmarktführer ist in Nordrhein-Westfalen beheimatet. Allerdings hat jegliche Form von industrieller Herstellung ihre ganz spezifischen Auswirkungen auf die Umwelt und so scheinen die Begriffe »**Industrie**« und »**Ökologie**« auf den ersten Blick einander auszuschließen. Tatsächlich war das Land NRW in früheren Jahren stark von Umweltverschmutzungen betroffen. Nicht zuletzt durch das Schlagwort vom »**Pulsschlag aus Stahl**«, mit dem man das Ruhrgebiet belegte und damit das gesamte Bundesland verband, assoziierte man in den 1970er-Jahren mit NRW vor allem Luftverschmutzung und tote Flüsse. Durch ein neues Umweltbewusstsein aber, das sich in der Folge entwickelte, entstanden auch in den verschiedenen Industriezweigen neue Umweltmanagement-Strategien, die immer mehr greifen und nachhaltige Wirkung versprechen, sodass NRW trotz seiner Identität als Industriestandort zu einem immer grüneren Land heranreift.

# J WIE JUNGEN UND MÄDCHEN

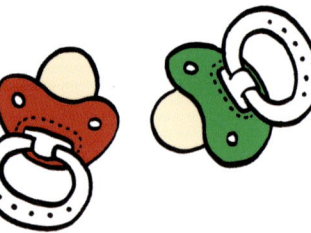

Nordrhein-Westfalen hat etwa 17,6 Mio. Einwohner. Rund 2,4 Mio. davon sind Jungen und Mädchen zwischen 0 und 14 Jahren. Im Jahr 2012 kamen in NRW rund 22% aller in der BRD geborenen Kinder zur Welt, nämlich 145 755. Jungen und Mädchen in NRW — kann für sie irgendetwas anders sein als im übrigen Deutschland? Fühlt sich die Kindheit hier anders an als irgendwo sonst auf der Welt?

Zumindest auf die letzte Frage gibt es eine ganz eindeutige Antwort: Ja. Wo und wie wir aufwachsen, hat Auswirkungen auf unser gesamtes Leben, bis ins hohe Alter — sofern wir es erreichen. In einem Land aufzuwachsen, in dem **Frieden** herrscht, ist alles andere als eine Selbstverständlichkeit. In Europa, in Deutschland herrscht Frieden. Zum Glück. Wer hingegen im Krieg aufwächst, hat keine Kindheit, denn zur Schule gehen, Freunde treffen, auf der Straße spielen — all das ist unter Kriegsbedingungen kaum mehr möglich. Die Kinder gehören zu den Letzten, um die sich ein Land im Krieg noch kümmert.

In der BRD ist die politische Verantwortung für die Kinder, die in unserem Staat leben, auf zwei Ebenen verteilt, nämlich auf Bundes- und Landesebene. In Berlin gibt es das für die gesamte Bundesrepublik zuständige Bundesministerium für Familie, Senioren, Frauen und Jugend. In NRW gibt es sogar zwei **Landesministerien**, die sich um die Belange von Kindern und Jugendlichen kümmern: So wird alles, was mit **Schule** und Ausbildung zu tun hat, durch das Ministerium für Schule und Weiterbildung geregelt. Hier wird beispielsweise entschieden, ob die Grundschulzeit in NRW vier Jahre dauert oder sogar sechs, wie dies in Berlin und Brandenburg der Fall ist, und ob und ab welcher Klasse die Schülerinnen und Schüler Fremdsprachen lernen sollen. Bildung findet allerdings nicht nur in der Schule statt; aus diesem Grund macht sich die Landesregierung auch Gedanken, wie z.B. **Kinderschutz**, Kindertagesbetreuung oder Jugendhilfe ausschauen können. Dafür ist das Ministerium für Familie, Kinder, Jugend, Kultur und Sport verantwortlich.

Aber fragen wir noch einmal: Ist eine Kindheit in NRW anders als in den anderen Bundesländern Deutschlands? Die Antwort lautet hier: irgendwie schon. Denn so, wie es einen Unterschied macht, ob man seine Kindheit an der Ostseeküste verbringt oder im bayerischen Voralpenland, ist es etwas anderes, in einem dicht besiedelten Ballungsraum aufzuwachsen als in einem schwächer besiedelten Landstrich. Von den knapp 18 Mio. Einwohnern NRWs leben immerhin an die 5 Mio. in Großstädten, die mindestens 300 000 Einwohner haben. Dazu kommen weitere 29 Städte mit mehr als 100 000 Einwohnern. Ein erheblicher Anteil der Bevölkerung Nordrhein-Westfalens erlebt also eine **Kindheit** in der Stadt. Die gibt es natürlich auch in den Stadtstaaten Hamburg, Bremen und Berlin. Der Unterschied zu NRW ist aber, dass durch die Vielzahl der Städte ein breiteres Angebot entsteht. Jede Stadt hat eine bestimmte Menge Geld für Leistungen wie Bildung, Kultur und Sport, häufig mit speziellen Programmen für Kinder. Liegen Städte nah beieinander, wie im Ruhrgebiet und an der sogenannten Rheinschiene, können große wie kleine Einwohner NRWs aufgrund der kurzen Wege in vielen Fällen die Angebote der Nachbarstadt nutzen.

Daneben findet in NRW natürlich auch Kindheit **auf dem Land** statt. Während dies früher bedeuten konnte, ungehindert und ganze Sommer lang über grüne Wiesen zu streifen, unterscheidet sich das Aufwachsen auf dem Land heute nicht mehr so auffällig von einer Kindheit in der Stadt. Durch unsere erhöhte **Mobilität** und die **Kommunikationsmöglichkeiten** spielen Entfernungen keine entscheidende Rolle mehr. Die Eltern der Landkinder arbeiten immer seltener in typisch ländlichen Berufen, sondern pendeln zum Arbeiten in die Städte. Darüber hinaus sind durch die zentrale Lage unseres Bundeslandes in Deutschland wie überhaupt in Europa die freien Flächen im ländlichen Raum auch gefragte Areale für die Ansiedlung von Unternehmen, die keine Landwirtschaft betreiben.

Alle Dinge, die ein Mensch erlebt, formen sein Leben. Und so prägen auch die äußeren Bedingungen, unter denen ein Kind aufwächst, seine **Persönlichkeit** und lassen sie unverwechselbar werden, sodass kein Junge einem anderen, kein Mädchen dem nächsten gleicht. In einem aber unterscheiden sich Jungen und Mädchen in NRW nicht im Mindesten von allen anderen:
Sie spielen miteinander und sie streiten sich. Sie finden sich gegenseitig mal nett und mal blöd. Und eines Tages bekommen sie plötzlich Herzklopfen, wenn sie sich sehen, und sind zum ersten Mal — ineinander **verliebt**. Das war immer so und es wird immer so bleiben — in NRW, in Deutschland und überall auf der Welt!

# K WIE KOHLE

**Kohle — was ist das eigentlich? Zunächst einmal ist Kohle nichts anderes als tote Pflanzen, die vor Jahrmillionen in den Urwäldern der Erde wuchsen.**

Mit der Zeit starben die Urwälder ab. Es entstanden Sümpfe, in denen die toten Pflanzenfasern zu **Torf** wurden. Die Meere, die sich im Lauf der Erdgeschichte über den heutigen Kohle-Gebieten ausbreiteten und später wieder zurückzogen, pressten die Pflanzenschichten fest zusammen und verdichteten sie. Durch Säuren, die die abgestorbenen Pflanzen absonderten, das Fehlen von Sauerstoff, den Druck der überlagernden Erdschichten und die Wärme, die im Inneren der Erde herrscht, entwickelten sich die Pflanzenreste zu einer festen, trockenen und brennbaren Substanz — der **Kohle**. In NRW kommen zwei verschiedene Sorten von Kohle vor: **Steinkohle** und **Braunkohle**. Braunkohle findet man in der Kölner Bucht, vor allem im Rhein-Erft-Kreis. Abbaugebiete für Steinkohle liegen hauptsächlich an der Ruhr und am Niederrhein.

Kohle ist ein wichtiger Grundstoff für die Bedürfnisse unserer **Industriegesellschaft**. Wir stellen Produkte wie Teer, Pech und Farbstoffe daraus her. Vor allem aber nutzen wir die Kohle zur Erzeugung von **Wärme**. Mit dieser Wärme heizen wir zum Beispiel unsere Wohnungen. Besonders aber wird die Kohle zur Erzeugung von Wärme in der Industrie benötigt. Die Stahlproduktion des Ruhrgebiets basiert seit ihren Anfängen auf den dortigen Kohlevorkommen, auf ihrem Abbau in unmittelbarer Nähe der

Stahlwerke. Und auch die Tatsache, dass NRW das Bundesland mit der höchsten Energie-produktion ist, haben wir den Kohlevorkommen unserer Region zu verdanken. In den Braun- und Steinkohlekraftwerken wird die heimische Kohle verbrannt und in Strom umgewandelt. Der Abbau von Kohle ist einer der maßgeblichen Gründe für den wirtschaftlichen Erfolg NRWs. Deshalb nennt man die Kohle auch »das schwarze Gold«.

Begonnen hat der Abbau von Steinkohle im heutigen Ruhrgebiet offenbar bereits im Mittelalter in einfachen Gruben. Durch die Jahr-hunderte hindurch entwickelte er sich vor allem durch englische Vorbilder zu der Art von Bergbau, die wir heute kennen. Mit dem Beginn der Indus-trialisierung stieg die Nachfrage nach Kohle, mit der nun Maschinen angetrieben wurden, stark an. Auch die Eisenbahn, deren Netz ausgebaut wurde, weil sie ein wichtiges Transportmittel für die produzierten Güter war,

verbrauchte große Mengen Heizstoff. Und nicht zuletzt die **Hochöfen**, in denen man Eisen und Stahl für die Waffen und Kanonen des preußischen Kaiserreichs herstellte, benötigten Kohle. Dieser ungeheure Bedarf, der maßgeblich an der Ruhr gedeckt wurde, steigerte sich bis zum Beginn des Ersten Weltkriegs auf 114 Millionen Tonnen Kohle, die von 440 000 Menschen gefördert wurden. In der Mitte des 20. Jahrhunderts stellten rund 600 000 Beschäftigte im Bergbau die wohl größte Berufsgruppe in der Bevölkerung NRWs dar. Damit erhielt die **Kohleförderung** eine entscheidende Rolle bei der Identitätsfindung des neu gegründeten Bundeslandes und wurde zu einem verbindenden Element zwischen den Menschen. Lange Zeit wurde nicht nur an der Ruhr, sondern auch am Niederrhein Steinkohle abgebaut. Da die Gewinnung von Steinkohle aber ein teurer Prozess ist und man mittlerweile alternative Methoden der Energieerzeugung entwickelt hat, sind die niederrheinischen Zechen heute stillgelegt.

Während die Steinkohle des Ruhrgebiets im Bergbau, in »**Zechen**«, abgebaut wird, gewinnt man die Braunkohle der Kölner Bucht durch Abbau im sogenannten **Tagebau**. Der Tagebau hat den Vorteil, dass die Arbeit dort bedeutend weniger gefährlich ist als in den unterirdischen Zechen. Der Nachteil ist, dass man riesige Gruben aufreißen muss und damit sehr viele Flächen zerstört. Die Bagger, mit denen die Braunkohle im Tagebau gewonnen wird, haben riesige Ausmaße. Sie tragen die Kohle durch ein mit Schaufeln besetztes Rad ab, das wie ein Kopf auf einem langen Hals sitzt, dem Ausleger. In Verbindung mit seinen gigantischen Ausmaßen erinnert dieses technische Ungetüm an die uralten Bewohner unserer Erde, an die **Dinosaurier**. Gerade die größten unter ihnen waren Pflanzenfresser, und möglicherweise taten sie an der Stelle, an der heute die abgestorbenen Pflanzen als Kohle abgebaut werden, vor Jahrmillionen genau dasselbe wie die Bagger: Sie streckten ihre Köpfe zwischen die Pflanzen der Urwälder unserer Heimat und fraßen sich hindurch.

# L WIE LIPPERLAND

Verflixt noch mal! Da gibt es in NRW ein Land, das den Begriff Lippe in seinem Namen führt, und einen Fluss namens Lippe – und beides berührt sich nicht einmal! Wie kommt das?

Um es kurz zu machen: Das »Haus Lippe« war ein Adelsgeschlecht, das im 12. Jahrhundert in der Gegend von Lippstadt entstanden ist, wo die Lippe tatsächlich fließt. Im Lauf der Zeit spaltete sich die Familie und ein Teil der Verwandtschaft zog nach Detmold. So entstand der Familienzweig »Lippe-Detmold«, der bald so mächtig wurde, dass die Ländereien dieser Familie fortan »Land Lippe« hießen. Bis ins 20. Jahrhundert hinein

war das Land Lippe ein sogenannter Freistaat. Nach dem Zweiten Weltkrieg aber, als Deutschland in Bundesländer aufgeteilt wurde, konnte es diese Eigenständigkeit nicht aufrechterhalten und musste sich in den Jahren 1947/48 entscheiden, zu welchem deutschen Bundesland es nun gehören wollte. Es entschied sich gegen das ebenfalls infrage kommende Niedersachsen und für das 1946 gegründete Nordrhein-Westfalen. Aus dem ehemaligen Freistaat Lippe wurde das »Lipperland«. Ganz ohne Verhandlungen aber ließen sich die Lipper nicht ins NRW-Boot holen. Sie bestanden darauf, dass das Wappen ihres ehemaligen Freistaates, die »Lippische Rose«, ins Landeswappen aufgenommen wurde. Auf diese Weise erhielt das bis dahin aus zwei Symbolen zusammengesetzte NRW-Wappen ein drittes Feld. Sprachlich und kulturell gehört das Lipperland zu Westfalen. Es ist Teil der Region Ost-westfalen-Lippe, kurz »OWL« genannt. Die »Hauptstadt« des knapp 350 000 Einwohner zählenden Lipperlandes — in der Verwaltung heißt es »Kreis Lippe« — ist nach wie vor Detmold, wo die Nach-kommen des Hauses Lippe noch heute in ihrem Schloss aus dem 16. Jahrhundert wohnen.

Fürstliche Residenzen begünstigten häufig die Entwicklung der schönen Künste und der Kultur. Eine Folge dieser Tradition wie auch des Beharrens der Lipper auf ihrer besonderen Stellung in NRW ist, dass Detmold Standort des Lippischen Landestheaters ist und über eine eigene, weltweit renom-mierte Musikhochschule verfügt. Über Jahre hinweg unterrichtete hier neben anderen der berühmte Bassbariton-Sänger Thomas Quasthoff, ein Ausnahmekünstler, der trotz seiner schweren Conter-ganschädigung auf allen Bühnen der Welt auftrat. Ebenso bedeutsam ist die Hochschule Ostwest-falen-Lippe in Lemgo, die ihren Schwerpunkt in der Ingenieurausbildung hat. Im Umfeld dieser

Hochschule haben sich eine Reihe Institute angesiedelt, die neue Wege der industriellen Automation und Hightech-Anwendungen im Maschinenbau erforschen.

Eine weitere Besonderheit des Lipperlands mit langer Tradition bildet das Heil- und Kurwesen. Allein die Kurstadt **Bad Salzuflen** verfügt über neun Thermalquellen, die in Temperaturen bis zu **38 Grad** aus dem Boden sprudeln. Genau diese **Heilquellen** stellten allerdings neben anderen ehemaligen Besitzungen des Landes Lippe, wie etwa weitere Staats- und Heilbäder, Wälder und Kulturstätten, anlässlich des Beitritts zu NRW einen Zankapfel dar. Die Lipperländer achteten nämlich sehr genau darauf, dass dieses ehemals lippische Landesvermögen nicht an die »neue Familie« NRW fiel, sondern in ihrem Besitz blieb. Spätestens dies trug den Lippern den Ruf ein, die **»Schotten NRWs«** zu sein — wenn die Sparsamkeit der Lipper nicht ohnehin schon ein uraltes Vorurteil war. Man behauptete, die Lipper hätten den Kupferdraht erfunden, weil sie jeden Pfennig so oft hin und her drehten, bis er lang wurde, und dass man die verheißungsvoll klingende **»Lippische Erfrischung«** leider nicht zu sich nehmen könne, weil sie nichts anderes sei als ein geöffnetes Fenster.

So zu denken war ungerecht, denn die sprichwörtliche Sparsamkeit der Lipper hatte einen sehr bitteren Grund, nämlich die Armut, die das Land lange Zeit geprägt hatte. Nach den Zerstörungen des Dreißigjährigen Krieges im 17. Jahrhundert besaß das Land Lippe abgesehen vom Salzhandel kaum etwas, womit es wirklich Geld verdiente. Dies änderte sich auch nicht nachhaltig im Zeitalter der Industrialisierung, während dessen das benachbarte Westfalen zu einem bedeutenden Textilstandort heranwuchs. Erst ab den 1950er-Jahren, der Zeit des Aufbaus nach dem Zweiten Weltkrieg, vor allem aber seit der Ansiedlung moderner Industrieunternehmen und neuer Forschungsstandorte gegen Ende des 20. Jahrhunderts hat das Lipperland einen echten wirtschaftlichen Aufschwung erlebt. Bis dahin aber hieß es für die Lipper, ihr Hab und Gut zusammenzuhalten und zu sparen. Und wenn ein Mensch darüber seine Selbstachtung und seinen Stolz nicht verliert, ist das eine große Leistung. Dass dies tatsächlich gelingen kann, daran wird uns die Lippische Rose im Wappen NRWs immer erinnern.

# M WIE MINISTER-PRÄSIDENTIN

**Im Märchen ist alles ganz einfach.
Da gibt es einen König und eine Königin.
Die beiden tragen Kronen, wohnen in einem
Schloss und regieren ihr Land. Aber Märchen
sind Märchen, und im wahren Leben sieht
alles ganz anders aus. Nur — wie?**

Die Bundesrepublik Deutschland ist kein Königreich, sondern eine **Republik**. Das heißt: Das Volk wählt jemanden aus, dem es die Regierung des Staates anvertraut. Bei der Bundesrepublik steht ein Bundeskanzler oder eine **Bundeskanzlerin** an der Spitze der Regierung. Bei den Bundesländern nennt man die Regierungschefs Ministerpräsident oder **Ministerpräsidentin**. In den Stadtstaaten heißen sie ganz unterschiedlich: »Regierender Bürgermeister« (Berlin), »Bürgermeister und Präsident des Senats« (Bremen) und »Erster Bürgermeister« (Hamburg). Gemeinsam bilden die Chefs und Chefinnen der Länder mit einer Auswahl von weiteren Regierungsvertretern den »**Bundesrat**«. Er kommt regelmäßig zusammen und trifft wichtige Entscheidungen für die gesamte Bundesrepublik.

Als Ministerpräsident oder Ministerpräsidentin eines Landes ist man so etwas wie ein Klassensprecher oder eine Klassensprecherin: Man setzt sich dafür ein, dass es dem Gesamtsystem Schule — vergleichbar mit dem Staat, der Bundesrepublik — gut geht, aber auch der eigenen Klasse — also dem Bundesland. Zudem muss man dafür sorgen, dass auch innerhalb der eigenen Klasse alles gut läuft. Um diese Arbeit nicht gänzlich allein erledigen zu müssen, kann man einige Aufgaben verteilen. Zum Beispiel wird jemand damit betraut, Streitereien zwischen den Schülern zu schlichten oder darauf zu achten, dass nach dem Unterricht alle Stühle auf die Tische gestellt werden. In der Politik erhält jemand, der sich um spezielle Aufgaben kümmert, den Titel eines »**Ministers**« oder einer »**Ministerin**«. Es gibt Ministerien für Bereiche wie Verkehr, Schule, Familie, Bildung, Wohnen und vieles mehr. Die Ministerien stehen in der jeweiligen Landeshauptstadt, in NRW also in Düsseldorf. Hier befindet sich auch das **Landtagsgebäude**.

Die Ministerpräsidenten und die Minister eines Bundeslandes kommen regelmäßig zusammen, um neue Ziele zu beschließen, den Fortgang der bereits begonnenen Projekte zu beobachten und die Entwicklung des Landes zu steuern. Alle fünf Jahre wählt die Bevölkerung in NRW einen neuen »**Landtag**«, also Abgeordnete aus verschiedenen Parteien. Zuvor hat jede Partei einen Kandidaten oder eine Kandidatin für das Amt des Ministerpräsidenten festgelegt. Die Partei, die die meisten Stimmen erhält, stellt dann diesen Präsidenten. Manchmal gibt es auch Bündnisse, das heißt, ein paar Parteien verständigen sich darüber, ihre Stimmen zusammenzufassen. Dabei einigen sie sich vorher auf einen gemeinsamen Kandidaten. Nach der Wahl sucht sich der Ministerpräsident oder die Ministerpräsidentin die Ministerinnen und Minister aus, mit denen er oder sie zusammenarbeiten möchte. Der Ministerpräsident oder die Ministerpräsidentin hat die »Richtlinienkompetenz«. Das bedeutet, der Inhaber dieses Amtes steht allen Ministern vor und legt die allgemeine politische Ausrichtung fest, der die Minister in ihren Ministerien zu folgen haben. Ganz nach Lust und Laune können die Ministerpräsidenten dabei allerdings nicht vorgehen, sondern sie werden sich immer des Rückhalts ihrer Partei versichern und auch der Unterstützung der Partei, mit der sie möglicherweise zusammenarbeiten, dem Koalitionspartner.

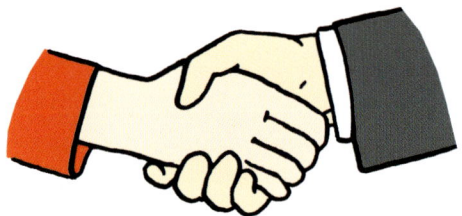

Darüber hinaus sind die Ministerpräsidenten an die Landesverfassung gebunden. Wollen sie neue Gesetze schaffen oder bestehende verändern, kann dies nur auf der Grundlage dessen geschehen, was in der Verfassung festgeschrieben ist. Darüber hinaus vertritt ein Ministerpräsident das Land nach außen, im Bundesrat der Minister, aber auch, wenn wichtiger

WÄHLT MICH !

AMELUNXEN

Besuch ins Land kommt. Und der Ministerpräsident ist derjenige, der stellvertretend für alle Bürger des Bundeslandes Staatsverträge und Landesgesetze unterzeichnet.

Der erste Ministerpräsident NRWs hieß **Rudolf Amelunxen**. Er übernahm dieses Amt im Jahr 1946, unmittelbar nachdem Nordrhein-Westfalen gegründet worden war. Ihm folgten bis zum Jahr 2010 weitere acht Männer als Ministerpräsidenten:

| Name | Partei | Amtszeit |
| --- | --- | --- |
| Rudolf Amelunxen | Zentrum | 1946 — 1947 |
| Karl Arnold | CDU | 1947 — 1956 |
| Fritz Steinhoff | SPD | 1956 — 1958 |
| Franz Meyers | CDU | 1958 — 1966 |
| Heinz Kühn | SPD | 1966 — 1978 |
| Johannes Rau | SPD | 1978 — 1998 |
| Wolfgang Clement | SPD | 1998 — 2002 |
| Peer Steinbrück | SPD | 2002 — 2005 |
| Jürgen Rüttgers | CDU | 2005 — 2010 |

Seit Juli 2010 hat **Hannelore Kraft** als erste Frau in NRW dieses Amt inne. Sie hat für dieses NRW-Lexikon ein Interview über ihr Amt und Auskunft über sich selbst gegeben.

Geboren wurde sie am 12. Juni 1961 in Mülheim an der Ruhr. Sie sagt, ursprünglich sei es gar nicht ihr Berufswunsch gewesen, Politikerin zu werden. Eigentlich habe sie **Politik** nur nebenher machen wollen, um ein paar Dinge zu verändern. Genauer gesagt: Sie brauchte einen Kita-Platz für ihren damals kleinen Sohn. Darum trat sie in die **SPD** ein. Und von da aus machte sie eine politische Karriere — bis zu ihrem heutigen Amt.

Hannelore Kraft sagt von ihrem Job als Ministerpräsidentin, dass er alles andere als langweilig sei. Sie ist viel unterwegs, im Land NRW, aber auch in Berlin, wenn dort der Bundesrat tagt oder wenn sich der Teil ihrer Partei zusammensetzt, der im Bundestag die sogenannte **Fraktion** bildet. Ebenso gibt es eine »**Landtagsfraktion**«, deren Mitglieder regelmäßig in Düsseldorf zusammenkommen. Auch diese Sitzungen sind ein wichtiger Termin der Ministerpräsidentin.

Manchmal besucht die Ministerpräsidentin auch die ausländischen Nachbarn Nordrhein-Westfalens, die Niederlande und Belgien, um gemeinsame Probleme zu lösen. Zusätzlich unternimmt sie hin und wieder weitere Reisen, um sich zum Beispiel anzusehen, ob gewisse Technologien, die im Ausland bereits angewendet werden, auch in NRW eingesetzt werden können.

Als Ministerpräsident oder Ministerpräsidentin muss man viele Akten lesen und viele Gespräche führen, damit man die Dinge, über die man redet, auch genau kennt. Und man muss Kontakt zur Bevölkerung haben, weil man nur im Gespräch mit den Leuten herausfinden kann, was die Menschen wollen und was sie brauchen. Denn das ist die eigentlich Aufgabe einer Ministerpräsidentin: für die Menschen ihres Bundeslandes da zu sein und ihre Lebensbedingungen laufend zu verbessern.

Woran erkennt man nun, ob ein Ministerpräsident oder eine Ministerpräsidentin erfolgreich gearbeitet hat? Nun, in der Regel daran, dass die Partei, die ihn oder sie aufgestellt hat, bei der nächsten Landtagswahl wieder die Mehrheit erhält. Die **Landtagswahlen** finden in NRW alle fünf Jahre statt, sofern sich der Landtag nicht vorzeitig auflöst, wie dies im Jahr 2012 geschah. Verläuft alles nach Plan, sehen wir den nächsten Wahlen in unserem Bundesland also 2017 entgegen.

Aufgeschlossen und unkompliziert hat Hannelore Kraft im Interview alle unsere Fragen beantwortet. Nur eins haben wir vergessen zu fragen: nämlich, was sich die Ministerpräsidentin wünschen würde, wenn sie bei einer Märchenfee drei Wünsche frei hätte? Aber wahrscheinlich hätte sie nur gelacht und gesagt: »Im Märchen ist alles ganz einfach. Da gibt es einen König und eine Königin. Die beiden tragen Kronen, wohnen in einem Schloss und regieren ihr Land. Aber Märchen sind Märchen, und im wahren Leben und vor allem in der Politik sieht nun mal alles ganz, ganz anders aus …«.

# N WIE NATUR

»Industrieland NRW« — so lautet eines der Schlagwörter zu unserem Bundesland. Aber nicht nur die Industrie prägt das Gesicht unseres Landes, sondern auch seine Naturräume und die vielgestaltigen Landschaften.

Nordrhein-Westfalen verfügt über Höhenzüge mit Mittelgebirgscharakter wie das Rheinische Schiefergebirge und das Weserbergland mit dem Teutoburger Wald, aber auch über Tiefebenen wie die Westfälische und die Kölner Bucht. Der höchste Punkt NRWs mit einer Höhe von 843,2 Metern über dem Meeresspiegel ist der an der Grenze zu Hessen gelegene Langenberg. Die tiefste natürliche Stelle mit 9,2 Metern über dem Meeresspiegel befindet sich im Ort Zyfflich am Niederrhein. Auch die Flüsse und Seen NRWs sind charakteristisch für unser Bundes-

Langenberg

land, die natürlich entstandenen ebenso wie die von Menschen angelegten, die Schifffahrtskanäle und die Stauseen und Talsperren. »Halt!«, rufen jetzt vielleicht manche an dieser Stelle. Kann man denn das, was Menschen anlegen und schaffen, überhaupt »**Natur**« nennen? Dieser Einspruch ist berechtigt. Gerade hier in NRW wirkt der Mensch seit Langem auf die Natur ein: durch das Baggern von Gruben im **Braunkohleabbau**, durch die Anhäufung von Abraum- halden und durch das bereits erwähnte Graben von Kanälen und das Aufstauen von Flussläufen. NRW ist ein »**Talsperrenland**«, kein anderes Bundesland besitzt mehr Wasserspeicher dieser Art. Die Wälder unseres Landes werden ebenfalls durch uns Menschen beeinflusst. Die Holzwirtschaft spielt im Nordosten NRWs eine wichtige Rolle. Hier findet ein stetiges Wechselspiel von Baumfällungen und Neupflanzungen statt. Und auch für die Schaffung neuer Gewerbe- und Industrieflächen müssen in NRW große Waldgebiete gerodet werden. Im Ausgleich dazu entstehen auf anderen, nicht mehr genutzten Flächen, zum Beispiel auf ehemaligen Mülldeponien oder früheren Grubengeländen, durch Aufforstungen neue **Wälder** und **Landschaftsparks**.

Was auch immer der Mensch aber unter freiem Himmel schafft, die Natur beginnt zur gleichen Zeit, sich diesen Raum zurückzuerobern: Entlang der Wasserläufe und rund um die Talsperren entstehen grüne Oasen, und zu den im Zuge von Aufforstungen gesetzten Bäumen gesellen sich ganz von selbst alle ande- ren Pflanzen, die einen Wald ausmachen, ebenso wie die verschiedenen Tierarten. Auch wenn es also auf den ersten Blick nicht so aussieht:

Zyfflich

NRW ist ein besonders auffälliges Beispiel dafür, wie Mensch und Natur Hand in Hand arbeiten, indem der Mensch der Natur neue Räume erschafft, die diese anschließend nach ihrem eigenen Plan füllt. Eines übersieht man übrigens leicht, wenn man von »der Natur« und »dem Menschen« spricht, nämlich dass der **Mensch** selbst ein Teil der Natur ist.

Zwar wohnen in NRW die meisten Menschen in Städten; wenn sie sich aber erholen wollen, begeben sich viele von ihnen aus der Stadt hinaus. Dank gezielter Maßnahmen und der Errichtung neuer Naturräume ist für jeden Einwohner NRWs die Natur auf kürzesten Wegen erreichbar. Natur und Infrastruktur greifen unmittelbar ineinander. Und ob beim Baden im See oder beim Wandern in den Wäldern — die Natur hat für uns einen hohen Freizeitwert, der für unsere Industriegesellschaft einen wichtigen Ausgleich bildet.

Aber nicht nur die von Menschen geschaffene Natur ist charakteristisch für NRW. Unser Land verfügt auch über 3072 **Naturschutzgebiete**, die eine Gesamtfläche von knapp 8 % des Landes belegen. Damit ist NRW absoluter Spitzenreiter unter den Bundesländern! Darüber hinaus hat NRW sogar einen richtigen Nationalpark: den **Nationalpark Eifel**. Bei einem Nationalpark greift der Mensch in die Entwicklung des Gebiets nicht mehr ein, abgesehen davon, dass die Wege des Nationalparks für die Besucher passierbar gehalten werden und sicher sind. Ansonsten überlässt der Mensch die Natur einfach sich selbst und schützt sie damit in ganz besonderer Weise. Durch diesen

Schutz ist der National-
park zu einem Lebensraum
für viele bedrohte Arten geworden.
Und sogar Tiere, die einstmals hier
heimisch waren und aus der Region verschwunden
schienen, haben sich wieder bei uns angesiedelt, zum Beispiel
die Wildkatze.

Spricht man über die Natur unseres Bundeslandes, darf man einen wichtigen Aspekt
nicht außer Acht lassen: das **Wetter** und die klimatischen Bedingungen NRWs. In Nordrhein-Westfalen herrscht ein **gemäßigtes Klima**. Das heißt, im Verhältnis zu anderen Gebieten der Erde —
und auch im Vergleich zu anderen Regionen Deutschlands — sind unsere Sommer mäßig
warm und feucht und die Winter vergleichsweise mild. Grundsätzlich ist das Rheintal
eine etwas wärmere und trockenere Zone als die Westfälische Tiefebene und die Höhenzüge des Weserberglands. Die jährliche Durchschnittstemperatur NRWs liegt bei etwa
10 Grad Celsius. Trotz des gemäßigten Klimas kennt aber auch unser Bundesland regelrechte **Wetterkapriolen**: kalte, verregnete Sommer oder auch frühlingshaft milde
Weihnachten, dann wieder brütend heiße Monate in der Jahresmitte und eisige Winter.
Das Thema »**Klimawandel**« geht auch an NRW nicht vorbei. Die globale Erwärmung
ist eine negative Auswirkung der durch den Menschen
beeinflussten Natur. Und es ist höchste Zeit
darüber nachzudenken, wie wir durch unser
menschliches Handeln diese Entwicklung
zumindest ein wenig verlangsamen können.

# O WIE ORCHESTER

»Da ist Musik drin!« — Dieser Ausruf bedeutet, dass irgendwo richtig etwas los ist. Und genau das ist in NRW der Fall, musikalisch wie auch in anderen künstlerischen Bereichen.

Musik ist ein wichtiges Ausdrucksmittel des Menschen. Schon kleine Kinder entdecken, dass man mit zwei Gegenständen, die man an- oder aufeinander schlägt, Rhythmen erzeugen kann, manchmal sogar auch einen Ton. Und singen kann ohnehin jeder Mensch. Ob es schief klingt oder richtig, ist nur eine Frage der Übung. Musik baut Brücken. Menschen, die aus anderen Ländern zugezogen sind, haben ihre Musik zu uns mitgebracht. Dadurch hat sich die Palette der Musik, die wir hören wollen, wie auch der Musik, die wir selbst machen, erweitert. Überhaupt ist die Musik eine Sprache, die jeder Mensch versteht. Sie kann uns trösten und aufrichten, gerade in schweren Zeiten. So berichtete im Jahr 1946, kaum ein Jahr nach dem Ende des Zweiten Weltkriegs, ein knapp 19-Jähriger von einem Konzert in einem der wenigen erhaltenen Häuser der ansonsten in Trümmern liegenden Stadt Köln: »Die Klänge der wunderbaren ›Brandenburgischen Konzerte‹, die gespielt wurden, ließen

uns die Sorgen des Alltags vergessen.« Dass der junge Mann zu diesem Konzert jeweils knapp sechs Kilometer zu Fuß hin- und auch wieder zurücklaufen musste, nahm er gern in Kauf!

Längst ist niemand mehr gezwungen, zu Fuß ins Konzert zu gehen, und längst besitzt NRW eine stattliche Anzahl von Konzertgebäuden: sieben **Opernhäuser**, vier große Konzerthäuser und Philharmonien und unzählige kleinere Konzertsäle und -hallen in den vielen großen und mittleren Städten des Bundeslandes. Hinzu kommen Veranstaltungsräume, die von den jüngeren Generationen aufgesucht werden, und im Sommer viele, viele **Freilichtbühnen**. Ob Konzert, Oper oder Musical: Musik gehört einfach zu unserem Leben. In Nordrhein-Westfalen wird die musikalische Ausbildung von Kindern und Jugendlichen ganz besonders gefördert. Neben den 194 **Musikschulen** in den Städten NRWs wurde im Jahr 2007 im Ruhrgebiet das Programm »Jedem Kind ein Instrument« entwickelt, dessen Ziel es ist, dass jedes Kind im Grundschulalter ein Instrument erlernt. Darüber hinaus gibt es schon seit 2005 die Initiative »**Toni singt**« des Chorverbands NRW, des größten Kulturverbands in NRW, in dem mehr als 3000 Chöre Mitglied sind. Diese Initiative setzt sich dafür ein, dass Kinder wieder mehr singen, in den Kindergärten, den Schulen und auch zu Hause.

Ferner gibt es neun NRW-Kinder- und Jugendorchester. Und wer weiß? Vielleicht sind die jung entdeckten Talente, die dort spielen, eines Tages Musiker der 15 kommunalen Sinfonie- oder der drei **Landesorchester**.

Neben der Musik gibt es aber noch eine Reihe weiterer künstlerischer Ausdrucksformen, die unser Leben bereichern, indem sie uns als Ausdrucksmittel dienen oder auch als Impuls. Sie zu kultivieren und ihnen Raum zu verschaffen hat eine lange Tradition in NRW. Im Jahr 2010 wurde das Ruhrgebiet unter dem Namen **RUHR 2010** sogar zur europäischen Kulturhauptstadt — vielleicht müsste man eher sagen: Kulturregion — ernannt. Einen entscheidenden Beitrag für die Verankerung der Kunst in Nordrhein-Westfalen hat ein Sammler geleistet, der unter dem Namen »**Folkwang**« bereits zu Beginn des 20. Jahrhunderts die Kunst ins Ruhrgebiet brachte, eine Region, die zu jener Zeit vorwiegend mit schwerer körperlicher Arbeit in Verbindung gebracht wurde. Der richtige Name des Sammlers lautete **Karl Ernst Osthaus**. Er wollte, dass die Kunst im Leben der Menschen einen selbstverständlichen Platz einnähme und dass das Lebensgefühl der Menschen auf diese Weise verbessert würde. Dazu eröffnete er ein **Museum**, in dem neben künstlerischen Werken auch naturwissenschaftliche Ausstellungsstücke zu sehen waren. Und er gründete eine Malschule, aus der sich im Lauf der Jahre die »Folkwang Universität der Künste« entwickelte, an der man heute Musik, Theater, Tanz und Gestaltung studieren kann. Darüber hinaus versuchte Osthaus, der Kunst auch mittels einer schönen Architektur einen Platz im Alltag der Menschen zu schaffen. Das Folkwangmuseum in Essen, in dem die Sammlung Osthaus' untergebracht ist und weitergeführt wird, gehört zu den berühmtesten Museen Deutschlands.

NRW verfügt über eine riesige Menge an Theaterbühnen, privaten wie auch städtischen. Unter diesen Bühnen stellt die Stadt Wuppertal mit ihrem »Tanztheater« eine große Besonderheit im kulturellen Leben des Landes dar. Die Gründerin des Tanztheaters, Pina Bausch, entwickelte eine vollkommen neue Richtung des Tanzes, indem sie ihn mit dem Theater verband: Die Tänzer und Tänzerinnen tanzen eben nicht nur, sondern sie sprechen, singen, lachen und weinen auch. Und gleichzeitig spielen bei den Tanzstücken auch ganz klassische Schauspieler mit. Anfangs wurde diese Mischung als fremd empfunden. Sie passte in keine Schublade, war kein Ballett und auch kein klassisches Theater. Ebenso wie die Musik ist aber auch der Tanz eine Sprache, die auf der ganzen Welt verstanden wird; und da Pina Bausch mit ihrer internationalen Tanztruppe immer die Liebe und die Suche der Menschen nach Nähe und Geborgenheit zu ihrem Thema machte, berührte sie damit letzten Endes ein weltweites Publikum. Aus der Keimzelle Wuppertal heraus wirkte Pina Bauschs Stil weit über Deutschland und auch über Europa hinaus und prägte so den modernen Tanz auf der ganzen Welt in entscheidender Weise.

# P WIE PFERD, WIE POLIZEI UND PP WIE POLIZEIPFERD

**Es gibt Pferde, die schreibt man mit einem »P«, und es gibt Pferde, die schreibt man sogar mit zwei »P«: die Polizeipferde. Warum die Pferde mit einem »P« wie auch die mit zwei »P« eine besondere Rolle in NRW spielen, beschreibt der folgende Artikel.**

Einfach unübersehbar erhebt es sich hoch aufgerichtet in unserem Wappen: das **Westfalenpferd**. Und auch wenn die Geschichte, wie dieses Pferd überhaupt in das westfälische Wappen kam, lang und kompliziert ist und überhaupt nichts mit Reiten zu tun hat — NRW ist tatsächlich ein regelrechtes **Pferdeland**. Der erste Reiterverein wurde 1835 in Münster gegründet. Bis heute zählen die Pferdesportvereine Nordrhein-Westfalens etwa 169 000 Mitglieder. Und diese sind nicht nur Reiter; auch das Fahren und Voltigieren — das heißt, turnerische und akrobatische Übungen auf dem an einer Leine, der

Longe, im Kreis laufenden Pferd zu absolvieren — ist ein fester Bestandteil des Pferdesports.

Die Stadt **Warendorf** im Norden NRWs ist so etwas wie die Pferdehauptstadt Deutschlands. Hier befindet sich das **Nordrhein-Westfälische Landgestüt**, auf dem Züchter aus ganz Deutschland, aus Europa, den USA und Australien Pferde für ihre Zuchten auswählen. Dem Landgestüt angegliedert ist die Deutsche Reitschule. Sie ist sozusagen die Steigbügelhalterin für alle Menschen in Deutschland, die das Reiten im Wettbewerb zum Beruf machen wollen, als Turnierfachleute oder als Berufsreiter. Die Deutsche Reitschule bildet aber auch zum Pferdezüchter aus. Ebenfalls in Warendorf angesiedelt ist die Deutsche Reiterliche Vereinigung, allgemein nur »**FN**« genannt, als Abkürzung für **Fédération Équestre Nationale**. Hier haben sich all jene zusammengeschlossen, die beruflich oder sportlich mit Pferden zu tun haben.

Auf viele Menschen übt der Pferdesport eine ganz besondere Anziehungskraft aus. Möglicherweise liegt es daran, dass Reiten ein eleganter Sport ist. Die Dressurreiter tragen ganz bestimmte Kleidungsstücke und manchmal sogar einen Zylinder! Vor allem aber macht der Sport vielen Spaß, weil man ihn mit einem Lebewesen als Partner ausübt und nicht mithilfe eines Geräts oder allein gegen die Konkurrenten.

Was den Briten ihre eleganten Pferderennen in Ascot sind, das ist den Nordrhein-Westfalen das »**Weltfest des Pferdesports**« an der westlichen Landesgrenze, der **CHIO** in Aachen. Seit 1924 findet dieses internationale Turnier in Aachen statt. Früher dauerte es sechs Tage, seit dem Jahr 2008 sind es zehn Tage. Vorgestellt werden die Disziplinen Springreiten, Dressurreiten und Fahren und seit 2007 auch Vielseitigkeitsreiten und Voltigieren. Ein klassisches Pferderennen, das anfangs Teil des Programms war, gibt es beim CHIO heute nicht mehr.

Seit dem Jahr 2006 gibt es in Nordrhein-Westfalen wieder die einige Jahre zuvor abgeschafften Pferde mit zwei »P« — die Polizeipferde der **Reiterstaffeln**. Die Reiterstaffeln NRWs haben ihre Standorte in Düsseldorf, Dortmund und Köln. Mit drei Staffeln ist NRW Spitzenreiter unter den Bundesländern. Ein **Polizeipferd** muss eine spezielle Ausbildung durchlaufen, bevor es als vierbeiniger Kollege zum Einsatz zugelassen wird. Unter der Anleitung seines Reiters muss es seinen Fluchtinstinkten widerstehen und Stress wie Lärm, wehende Fahnen und oft genug auch explodierende Knallkörper aushalten können. Hat das Pferd die Abschlussprüfung der Ausbildung, deren Inhalte für ganz Deutschland wiederum im nordrhein-westfälischen Warendorf festgelegt wurden, bestanden, beginnen die Einsätze: bei Fußballspielen, Demonstrationen, Volksfesten und nicht zuletzt bei Karnevalszügen. Der Einsatz der Polizeipferde in NRW hat sich aus mehreren Gründen bewährt: Zum einen können sich die Polizisten im Sattel von ihrer höheren Warte aus oft schnell einen besseren Überblick über das Geschehen verschaffen als dies zu Fuß möglich wäre. Zum anderen ist man davon überzeugt, dass die **»vierbeinigen Ordnungshüter«** im Pferdeland Nordrhein-Westfalen bei vielen Menschen positive Gefühle wecken — und auf diese Weise allein durch ihre Anwesenheit kritische Situationen entspannen.

# Q WIE QUINTILIUS

Als die Römer frech geworden,
sim serim sim sim sim sim,
zogen sie nach Deutschlands Norden,
sim serim sim sim sim sim,
vorne mit Trompetenschall, tätärä tätätä,
ritt der Generalfeldmarschall, tätärä tätätä,
Herr Quintilius Varus.

Ein witziges Lied — rund um eine Geschichte, über deren Hauptpersonen, den Ort und die Hintergründe des Geschehens die Geschichtsforscher noch heute diskutieren!

Tatsache ist: Im **Teutoburger Wald** bei Detmold steht eine riesige Statue. Sie zeigt einen Mann mit einem geflügelten Helm, der ein Schwert in die Höhe reckt. Das ist Hermann. Oder auch: **Arminius**, so lautet sein römischer Name. Hermann war der Sohn eines Cherusker-Fürsten. Die **Cherusker** siedelten in einem Gebiet zwischen Weser, Elbe und Harz. Im 1. Jahrhundert v. Chr. hatten die Römer Germanien erobert. So eine Eroberung war eine brutale Angelegenheit, und die Bewohner Germaniens hatten die Wahl, sich gegen die Römer zu wehren und ermordet zu werden oder sich mit ihnen zu arrangieren. Viele entschieden sich für das Überleben. Sie handelten mit den Römern und dienten ihnen. So auch Hermanns

73

Vater, der als Cheruskerfürst seinem Stamm ein ruhiges Zusammenleben mit den Besatzern zu ermöglichen versuchte. Einige Forscher gehen davon aus, dass er schließlich sogar seine Söhne den Römern zur Erziehung überließ, wodurch Hermann nach Rom kam und dort die Sprache und Lebensweise der Römer erlernte. Andere nehmen an, dass Hermann nur im römischen Heer gedient habe und so mit dem Militärwesen vertraut wurde. Die **Römer** jedenfalls verliehen Hermann seinen lateinischen Namen Arminius.

Als Besatzer Germaniens trieben die Römer Steuern ein, was die Cherusker ärgerte. Zwar bauten die Römer mit diesen Geldern Straßen und schufen eine öffentliche Verwaltung, aber ursprünglich war es ja Land der Cherusker, auf dem sich die Eindringlinge jetzt breitmachten. Im Jahr 7 n. Chr. kam **Publius Quinctilius Varus** — nicht Quintilius, wie er im Lied heißt — als Statthalter nach Germanien. Bislang nämlich klappte es dort mit der Steuereintreiberei nicht so, wie sich das der Senat in Rom vorstellte. Publius Quinctilius Varus hatte sich bereits zuvor als geschickter Verwalter besetzter Länder einen Namen gemacht und auch seine Fähigkeiten als Militärführer waren bekannt. Im Jahr 9 n. Chr. zog er mit drei Legionen, also etwa 20 000 Mann, ins Sommerlager nach Xanten. Mittlerweile war jedoch ganz Germanien ziemlich sauer auf den römischen Statthalter. Und Hermann oder Arminius, der trotz des römischen Einflusses in seinem Herzen Cherusker geblieben war, lockte Publius Quinctilius auf dem Rückweg aus dem Sommerlager in einen Hinterhalt, in dem die römischen Soldaten von germanischen Kämpfern angegriffen und besiegt wurden.

Wo dies genau stattfand, lässt sich nicht mehr mit absoluter Sicherheit sagen. Es kann im Teutoburger Wald gewesen sein, aber auch in Norddeutschland oder sogar in den Niederlanden. Im Teutoburger Wald jedenfalls steht das **Hermannsdenkmal**, das an die sogenannte Varusschlacht — die auf jeden

Fall stattgefunden hat — und vor allem an den Sieg der Germanen über die Römer erinnert.

Das Denkmal entstand in den Jahren 1837 bis 1873. Das sind 36 Jahre Bauzeit! Es hat eine Gesamthöhe von über 53 Metern und allein das in die Höhe gereckte Schwert ist 7 Meter lang. Die Figur, die auf einem Sockel steht, ist mit einer Höhe von mehr als 26 Metern die größte Statue Deutschlands. Man kann das Denkmal auch erklimmen, allerdings nur bis zu einer Balustrade am Fuß der Kuppel, auf der Hermann steht. Das ist immer noch ein gutes Stück unterhalb von seinem dicken Zeh. Es kommt einem komisch vor, dass dieses Denkmal als angebliches »Mahnmal für den Frieden« erbaut wurde. Friedliebend sieht Arminius mit seinem Schwert wirklich nicht aus. Und tatsächlich ist ja in der Varusschlacht der Großteil der römischen Soldaten gestorben, einschließlich Varus selbst, der sich noch auf dem Schlachtfeld das Leben nahm. Seit seiner Fertigstellung wurde das Hermannsdenkmal immer wieder Schauplatz nationalistisch und rechtsextremistisch ausgerichteter Aufmärsche und Zusammenkünfte. Dies ist alles andere als ruhmreich und ein sehr, sehr dunkler Teil der Geschichte und Gegenwart Deutschlands.

# R WIE RHEINLAND

REGIERUNGSBEZIRK
DÜSSELDORF

★ DÜSSELDORF

REGIERUNGSBEZIRK
KÖLN

Rheinland

Rheinland-
Pfalz

MAINZ ★

Der Rhein ist der größte Fluss Nord-rhein-Westfalens und der Namensgeber für einen Teil unseres Bundeslandes. Allerdings gibt es neben NRW noch ein weiteres Bundesland, das den Rhein in seinem Namen führt, nämlich das im Süden angrenzende Rheinland-Pfalz. Wie kommt das?

Der »Nordrhein« und »Rheinland-Pfalz« bildeten vor dem Zweiten Weltkrieg gemeinsam die **preußische Rhein-provinz**. Sie reichte auf einer Nord-Süd-Achse von Kleve nahe der holländischen Grenze bis hinab nach Bingen. Nach dem Zweiten Weltkrieg wurde Westdeutschland in neue Bundesländer aufgeteilt. Dazu orientierte man sich an der Besatzung durch die Siegermächte. Der nördliche Teil der Rheinprovinz stand unter britischer, der südliche Teil unter französischer

Verwaltung. Neben der nördlichen Rheinprovinz hatten die Briten auch die ehemalige preußische Provinz **Westfalen** besetzt. Es bot sich an, diese beiden Regionen zu einem neuen Bundesland zusammenzufassen. Seitdem ist das Rheinland durch die Landesgrenzen von NRW und Rheinland-Pfalz in zwei Teile geteilt. Im Westen erstreckt sich das **Rheinland** bis an die belgische und holländische Grenze, im Osten reicht es über das Bergische Land hinaus bis ins Ruhrgebiet. Die Stadt Essen ist daher heute nicht nur Mitglied im **Regionalverband Ruhr**, sondern auch im **Landschaftsverband Rheinland**.

Flächenmäßig ist der Anteil, den das Rheinland an NRW hat, deutlich kleiner als die Fläche Westfalens mit dem 1947 hinzugekommenen Lippe-Detmold. Er liegt bei etwas mehr als einem Drittel. Im Gegenzug beherbergt das Rheinland allerdings mit knapp 9,4 Mio. mehr als die Hälfte aller Bewohner unseres Bundeslandes. Das Rheinland hat zwei **Regierungsbezirke**, den Regierungsbezirk Köln und den Regierungsbezirk Düsseldorf. Die **Bezirksregierungen** sind die Verwaltungsbehörden, die für die Landesregierung Aufgaben in den Bezirken übernehmen. Sie üben die Kommunalaufsicht über Kreise und Gemeinden aus.

Wasser ist der Ursprung allen Lebens, und eine große Wasserstraße ist für die Region, durch die sie fließt, eine Art **Lebensader**. Von jeher bietet der Rhein hervorragende Bedingungen für den Güterverkehr. Schon für die Römer war er eine wichtige **Handelsstraße**. Durch die Anbindung an die Nordsee und damit an die großen Handelsstädte wie Amsterdam und Antwerpen, die im Mittelalter aufblühten, fanden bereits in früheren Jahrhunderten edle Waren aus

fernen Ländern über den Fluss ihren Weg bis tief ins Binnenland, zum Teil bis in die Schweiz. Es waren regelrechte Luxusgüter, die über den Rhein transportiert und in den großen Städten verkauft wurden. Kaufleute, die mit diesen Waren handelten, konnten es zu einigem Reichtum bringen. Von dieser Handelstätigkeit profitierten die anliegenden Städte.

Neben seiner Funktion als Handelsstraße bietet der Rhein günstige geologische und klimatische Bedingungen: Eher milde Winter und nicht zu heiße Sommer schaffen zusammen mit fruchtbaren Böden, dem sogenannten **Lössboden**, beste Grundlagen für die Landwirtschaft und damit beste Voraussetzungen gegen Hunger. Kein Wunder also, dass die Rheinländer mit ihren Münzen in der Tasche und den gut gefüllten Vorratskammern im Vergleich zu anderen Regionen leicht lachen hatten – woraus sich das Schlagwort vom »**fröhlichen Rheinland**« entwickelt haben mag. Den rheinischen Frohsinn aber nur auf Wohlstand zurückzuführen, ist wohl zu einfach gedacht. Es gibt da etwas ganz anderes, das auch fast schon sprichwörtlich ist: das **Gottvertrauen** der Rheinländer. Mittlerweile geht allerdings auch im Rheinland die Zahl der Christen immer weiter zurück, dafür steigt die Anzahl der Muslime. Neue Generationen von Rheinländern aller Herkünfte entstehen, und doch ist ihnen offenbar etwas gemeinsam, das Nicht-Rheinländer so definieren: »Der Rheinländer denkt nicht mit dem Kopf, sondern mit dem Herzen.« Und das kann nur als Kompliment gemeint sein!

Hin und wieder aber kommt den Rheinländern das Lachen auch mal abhanden – nämlich dann, wenn der Rhein aus seinem Bett steigt. Die **Rhein-hochwasser** sind gefürchtet, denn tatsächlich müssen die Menschen zumindest ein Stück weit immer wieder vor der Gewalt des Wassers kapitulieren. Es dringt durch alle Ritzen und setzt die Uferbebauung gnadenlos unter Wasser. Vor allem die ältesten Teile der Städte, die unmittelbar am Flussufer liegen, gehen regelmäßig in den Fluten und dem mitgeführten Schlamm unter.

Auf Bildern wird der Fluss oft in Gestalt eines zwar alten, aber immer noch kraftvollen Mannes dargestellt — als »Vater Rhein«. Damit wird er zum Mittelpunkt zahlreicher Mythen und Märchen. Wer einmal an einem Morgen gesehen hat, wie der Nebel über dem Rhein aufsteigt, und wer die schroffen Felsen am südlichen Rand NRWs, am Übergang zum Mittelrheintal, kennt, versteht gut, dass solch eine malerische Gegend die Fantasie beflügelt und Geschichten entstehen: von Vater Rhein und seinen Rheintöchtern, von sieben Bergen, hinter denen vielleicht sieben Zwerge wohnen, von blonden Helden und von wilden Drachen.

Der »Drachenfels« ist wohl der berühmteste Berg des Rheinlands. Er ist und bleibt eines der beliebtesten Ausflugsziele in Nordrhein-Westfalen, auch für Touristen aus aller Welt. Ob dort oben jemals ein Drache gewohnt hat, ist allerdings äußerst fraglich. Daran ändert auch die Tatsache nichts, dass ein paar entfernte Verwandte im Reptilienzoo der Nibelungenhalle die Stellung halten. Der 2,5 Meter lange Mississippi-Alligator Heinrich lebt schon seit 1958 auf dem Drachenfels. Falls er etwas Genaueres über den berühmtesten Drachen des Rheinlands wissen sollte — nämlich den legendären Drachen vom Drachenfels, den der heldenhafte Siegfried im Nibelungenlied tötet —, verrät er es nicht. Und ob der Drachenfels seinen Namen trägt, weil angeblich einmal ein Drache auf ihm hauste — auch darüber schweigt er sich beharrlich aus. Denn ein Spielverderber ist er nicht. So hat er auch noch niemandem verraten, dass der Name »Drachenfels« in Wirklichkeit wohl einfach von dem Stein stammt, der dort abgebaut wurde und dessen Name so ähnlich klingt — dem Trachyt!

# S WIE SÜSSIGKEITEN

Sprachen wir schon über »E wie Erfinder«? Richtig, da ist ein kleines Geheimnis offen geblieben. Die für Kinder wohl schönste und leckerste Erfindung von ganz NRW, wenn nicht der ganzen Welt: Gummibärchen! Sie stammen ebenfalls aus Nordrhein-Westfalen, genau genommen aus Bonn.

Zu Beginn des 20. Jahrhunderts gab es einen wunderbaren Beruf, den Beruf des »**Bonbonkochers**«. Diesen erlernte ein junger Mann namens **Hans Riegel**. Anscheinend wurde ihm aber das Bonbonkochen nach den Rezepten seines damaligen Chefs schnell zu langweilig. Und offenbar hatte er schon eine gute Idee im Kopf. Darum machte er sich im Alter von 27 Jahren selbstständig, um nach seinen eigenen Rezepturen Süßigkeiten zu kochen. Dass man Zucker mit Gummiarabikum, einer bestimmten Harzsorte, zusammen kochen und dass man diese Masse mit Fruchtauszügen versetzen kann, hatten schon im 19. Jahrhundert ein paar schlaue Zuckerbäcker herausgefunden. Hans Riegel aber perfektionierte die Zusammensetzung, sodass ein neuartiges weiches Bonbon entstand: das **Fruchtgummi**. Dieses Fruchtgummi ließ sich in flüssigem Zustand gut in

Formen gießen. Und da zu jener Zeit auf Jahrmärkten und anderen Volksfesten die Tanzbären sehr beliebt waren, gab Hans Riegel seinem Fruchtgummi das Erscheinungsbild, unter dem es seinen Siegeszug durch fast die ganze Welt angetreten hat: die Gestalt des Bären. Die armen Jahrmarkt-Tanzbären müssen und dürfen zum Glück heute nicht mehr auftreten. Millionen von Gummibärchen aber haben seit dem Jahr 1922 in Bonn das Licht der Welt erblickt, um bald darauf in kleinen und großen Schleckermäulern zu verschwinden — was allerdings niemand betrauert, schließlich sind sie ja genau dazu erfunden worden. Die **Rezeptur**, die jener Hans Riegel vor nun fast einhundert Jahren erfunden hat, ist heutzutage ein wenig verändert, einzelne Zutaten wurden ausgetauscht. Wie das Rezept aber genau lautet — das war und ist ein Geheimnis, das die Firma gut hütet, damals ebenso wie heute.

Was den Bonnern die Bären sind, das sind den Einwohnern von Emmerich die Katzen. Hier, an der Grenze zu den Niederlanden, wird seit 1930 **Lakritz** in Form kleiner Kätzchen produziert. Ursprünglich galt Lakritz gar nicht als Süßigkeit, sondern als Heilmittel. Lakritz wird aus der **Süßholzwurzel** gewonnen, die im vorderen Orient und in Südeuropa wächst. Schon in der Antike wusste man, dass man den Saft der Süßholzwurzel zur Linderung einiger Krankheiten verwenden kann, bei Magenproblemen und bei Erkältungen zum Beispiel. In den Norden und den Westen Europas gelangte das Süßholz über die Länder, die mit dem Mittelmeerraum und dem Orient Handel trieben. Das waren England und die unmittelbar an Deutschland

angrenzenden Niederlande. Im Jahr 1760 kam in England ein Mann auf die Idee, aus dem Medikament Süßholzsaft etwas zum Naschen herzustellen. Dieser Mann hieß George Dunhill und war — nein, nicht Bonbonkocher, sondern Apotheker! Nun trat das Lakritz, wie die neue Süßigkeit genannt wurde, seinen Siegeszug an und wurde in ganz Europa modern. Neben den Engländern hatten auch die Niederländer durch ihren Handel mit dem Orient ständigen und günstigen Zugriff auf die exotische und damit vergleichsweise kostbare Süßholzwurzel. Vielleicht ist dies der Grund dafür, dass die Holländer bis heute den höchsten Pro-Kopf-Verbrauch an Lakritz haben — und dass die Kätzchen-Fabrik ursprünglich in den Niederlanden stand, bevor sie in den äußersten Nordwesten NRWs umzog, nach Emmerich. Von dort aus bringt sie Genießer in ganz Europa zum Schnurren.

Und noch eine Süßigkeit, deren Zutaten ursprünglich zur Erhaltung der Gesundheit eingesetzt wurden, stammt aus NRW: die **Aachener Printe** bzw. die Aachener Kräuterprinte. Sie ist eine besondere Art **Lebkuchen** und hat ihren Ursprung im flandrischen Dinant. Ein weiterer Name für Lebkuchen lautet »**Pfefferkuchen**«; er deutet darauf hin, dass man für den Lebkuchen, ebenso wie für Lakritz, Zutaten und Gewürze aus fernen Ländern braucht, die Flandern — das heutige Belgien, früher ein Teil der Niederlande — als Seemacht importierte. Das Besondere an der Aachener Printe ist, dass sie in eine Form gepresst wird und zum Beispiel einen Menschen oder einen Engel darstellt, sie kann aber auch eine Stern- oder ein Herzform haben. Die **Kräuterprinte** enthält Gewürze, die von der ursprünglichen Rezeptur abweichen, und sie schmeckt etwas herber. Vereinzelt wird berichtet, man habe sich früher Lebkuchen und Printen geschenkt, um mit diesem Gebäck Gesundheit und ein langes Leben zu wünschen. Das Wort »Lebkuchen« stammt allerdings von dem Begriff »Laib« ab, den wir auch beim Brot und beim Käse kennen.

Vielleicht nicht gerade ein Heilmittel für den Körper, aber immer Balsam für die Seele ist die Schoko-lade. Sie ist zwar keine deutsche Erfindung, aber ein Unternehmer aus NRW hat ihr ein Denkmal gesetzt, oder besser gesagt: ein eigenes Museum gebaut. Es steht in Köln und ist das größte Schokoladen-museum auf der ganzen Welt. Wie ein Schiff aus Glas liegt es am Rande des Kölner Rheinauhafens, und vorn, im Bug sozusagen, steht die absolute Attraktion: der Schokoladenbrunnen. Aus ihm rinnt in einem fort der süße Schmelz, und für jeden Besucher wird eine Waffel in die Schokolade getaucht, damit er kosten kann. Wenn einem da nicht das Wasser im Munde zusammenläuft … Warum es ausgerechnet in Köln ein solches Museum gibt? Weil es dort bis weit ins 20. Jahr-hundert hinein, etwa auf der Höhe des heutigen Schokoladenmuseums, bereits eine berühmte Schokoladenfabrik gab. Sie war weltweit bekannt, und einer der Inhaber ließ sich schon im Jahr 1887 etwas ganz Besonderes einfallen: einen Schokoladen-automaten, aus dem man durch den Einwurf von Münzen eine Tafel Schokolade ziehen konnte. Das war damals eine ungeheuer moderne Erfindung. So modern und unge-wöhnlich, dass sie bis nach Amerika drang und noch vor dem Ende des 19. Jahrhunderts auf den New Yorker Bahnhöfen über 4000 Exemplare dieses Automaten standen! Heute wird die Schokolade nicht mehr in Köln, sondern an anderen Standorten produziert. Damit Köln aber nicht vergisst, dass es neben manchen schweren Zeiten, die es hinter sich gebracht hat, auch eine süße Vergangenheit besitzt, hat der alte Chef des Unternehmens der Stadt und allen Schlecker-mäulern weltweit dieses Museum geschenkt.

# T WIE TRADITION

**Was haben das Rheinland und Rio de Janeiro gemeinsam?
Eine fünfte Jahreszeit: den Karneval!**

Narren, Jecken und allerlei bunt Kostümierte laufen plötzlich auf
der Straße herum, wenn von »Weiberfastnacht«, einem Donners-
tag, bis Dienstag vor Aschermittwoch die heiße Phase des **Karnevals**
herrscht. Mit dem Aschermittwoch ist dann alles wieder vorbei. Bis
dahin aber haben die Narren das Regiment. Die herrschenden Regeln
sind außer Kraft gesetzt und man schlüpft in Masken und Verkleidungen. Die **Verkleidung**
spielt im Karneval eine ganz wichtige Rolle. Durch sie kann jeder Mensch einmal jemand ganz
anderes sein: Pirat, Prinzessin, Sheriff oder Indianer.

Von Bonn bis Düsseldorf prägen auch die unechten Soldatenverbände das Bild des Karnevals. In
Köln heißen sie »**Funken**«. Aus ihren Gewehren, die sie über der Schulter tragen, ragen Blumen, und
wenn die riesigen Kanonen, die sie bei ihren Umzügen mit sich führen, wirklich einmal gezündet

werden, dann kommt Konfetti heraus oder »Kamelle«, also Bonbons. Die Verkleidung und auch die »**Kamelle**« sind für Kinder wohl das Wichtigste am Karneval. Gefeiert wird von Bonn bis Düsseldorf und auch in den Gebieten des Niederrheins auf gleiche Weise: mit Straßenkarneval, Umzügen und mit Sitzungen. Zwischen Bonn und Köln lautet der Karnevalsruf »**Alaaf**«. »**Helau**« heißt es von Düsseldorf aus weiter Richtung Norden und auch am Niederrhein.

Im Ruhrgebiet und am Niederrhein hört man das ganze Jahr hindurch den Ruf »**Glück auf!**«. Die Mitglieder der hier stattfindenden Umzüge rufen ihn

aber nicht zum Spott, und sie tragen ihre Uniformen auch nicht, um sich über jemanden lustig zu machen. Stattdessen ist diese festliche Uniformierung bei den **Bergmannsparaden** ein ganz ernst gemeintes Zeichen der Zusammengehörigkeit und eine Erinnerung daran, wie wichtig der Bergbau in früheren Generationen für die Gesellschaft war. Die Bergleute tragen ihre Uniform mit Stolz, denn sie war ursprünglich eine Art Ehrenkleidung, die die Landesfürsten als Bergwerksbesitzer ihren Arbeitern damals verliehen. Die Uniform ist reich an **Symbolen**; sie hat zum Beispiel Rangabzeichen, an denen man erkennen kann, welche Arbeit ihr Träger verrichtet oder verrichtet hat. Besonders auffallend ist der Federbusch an der Bergmannskappe. Seine Größe gibt ebenfalls Auskunft über den Rang des Bergmanns.

Auch die **Schützenverbände**, die in ganz NRW aktiv sind, tragen Uniformen. Der Begriff »Schütze« geht aus dem Wort »schützen« hervor, denn ursprünglich waren die Schützen Mitglieder der **Bürgerwehren**, die ihre Städte vor Überfällen und Plünderungen bewahrten. So wie das Rheinland eine Hochburg des Karnevals ist, ist die Gegend um Paderborn eine Hochburg des Schützenwesens. Viele der hier zahlreich vertretenen Schützenvereine gehen auf die alten kirchlichen Bürgerwehren zurück, die die Gemeinde bei kirchlichen Festen wie Prozessionen schützte, und sind rund 500 Jahre alt. Aus dieser Tradition heraus stehen bis heute kirchliche und gesellschaftliche Aufgaben im Mittelpunkt des Vereinslebens. Bei den neueren Schützenbruderschaften geht es häufig eher um die sportliche Seite des Schießens und um die gemeinsame Freizeitgestaltung.

Oftmals sind Schützenfeste mit einer **Kirmes** verbunden. An dem Wort »Kirmes« erkennt man, dass diese Volksfeste auf ein kirchliches Ereignis zurückgehen, die »Kirchweih-Messe« nämlich. Wie viele Kirmessen in NRW im Jahr gefeiert werden, ist kaum zu zählen. Auch hier aber wird unser Bundesland aufgrund seiner vielen Städte und Gemeinden im Vergleich mit der gesamten Bundesrepublik an der Spitze liegen.

Jede **Tradition** hat irgendwann einmal ihren Anfang genommen und wir alle sind fest in Traditionen eingebunden. In Traditionen wird ein Stück Erinnerung von einer Generation zur nächsten weitergegeben, und indem wir im Rahmen dieses »Weitergebens« bestimmte Handlungen vollziehen, entstehen Bräuche. Wir können feststellen, dass sich auch heute immer wieder neue Traditionen und Bräuche entwickeln. Diese können sich im Lauf der Zeit verändern, sich sozusagen von der ursprünglichen Tradition abkoppeln und verselbstständigen. Ein Beispiel dafür ist **Halloween**, der Abend vor Allerheiligen, also die Nacht vom 31.10., dem Reformationstag, auf den 1.11. Dieses Fest hieß ursprünglich »All Hallows' Eve«, das bedeutet übersetzt »Allerheiligen-Vorabend«, und entspringt den kirchlichen Traditionen. Heute wird es aber fast nur noch als Gruselfest gefeiert, und das nicht nur in NRW.

Den Beginn einer weiteren neuen Tradition in Deutschland hat man tatsächlich vor wenigen Jahren in NRW verzeichnen können: Wenn man in Köln in Höhe des Doms auf der Eisenbahnbrücke den Rhein überquert, sieht man an den Drahtzäunen unzählige **Vorhängeschlösser** hängen. Verliebte haben auf diese Schlösser ihre Namen geschrieben, das Schloss zugedrückt und die Schlüssel dafür anschließend in den Rhein geworfen, um ihre Liebe zu besiegeln. Mittlerweile sollen diese Schlösser ein Gewicht von mehreren Tonnen haben. Der Brauch, ein Liebesschloss an einer Brücke aufzuhängen, stammt offenbar aus Italien. Das erste Liebesschloss in Deutschland wurde im Jahr 2008 auf der Kölner Hohenzollernbrücke angebracht. Ob es noch immer dort hängt und ob das Liebespaar, das es in einer romantischen Nacht dort zugeknipst hat, noch zusammen ist — dieser Frage sollten unsere Traditionsforscher und Volkskundler wirklich einmal nachgehen!

# U wie UNIVERSUM

Es gibt Menschen, die versuchen, die Zukunft aus dem Kaffeesatz zu lesen.
Und es gibt Menschen, die versuchen, sie durch den Blick ins Universum,
auf die Sterne, vorherzusagen. Die Astronomie, die Sternkunde, wie auch die Astrologie,
die Sterndeutung, sind Jahrtausende alte Wissenschaften. Schon in der Bibel
wird erzählt, wie sich »die Weisen« aus dem Morgenland durch einen Kometen
zum neugeborenen Sohn Gottes führen lassen.

Auch in Nordrhein-Westfalen hat die **Astronomie** eine lange Tradition. Sie reicht bis in die Zeit zurück, als von NRW als Bundesland noch gar keine Rede war, nämlich bis ins Mittelalter. Im 16. Jahrhundert arbeiteten die Gelehrten Gerhard Mercator und Caspar Vopelius nicht weit voneinander entfernt, genauer gesagt in Duisburg und in Köln, an der Erstellung von **Himmelsgloben**. Auf diesen Kugeln sind die Sterne dargestellt, die die Forscher zu jener Zeit von der Erde aus mit ihren zeitgenössischen Hilfsmitteln erkennen und errechnen konnten. Die Erforschung des Sternenhimmels war eine wichtige Voraussetzung für die Erstellung von Karten. Diese wiederum dienten nicht nur praktischen Zwecken wie dem Reisen, besonders der **Seefahrt**, sondern sie bildeten auch das Material, anhand dessen das Verhältnis des Menschen zur Welt erklärt werden sollte. Auf diese Weise hoffte man mehr über den Menschen selbst zu erfahren.

Die heutige Astronomie befasst sich nicht mehr unmittelbar mit dem Menschen, sondern sie versucht, durch den Blick ins Universum etwas über die Vergangenheit herauszufinden, über die Entstehung des Weltalls und der einzelnen Sterne, um daraus wiederum Schlüsse für die Zukunft unseres Planeten, der Erde, zu ziehen. Hierbei spielt NRW eine entscheidende Rolle: In dem kleinen Eifelort **Effelsberg**, unmittelbar an der südlichen Landesgrenze Nordrhein-Westfalens, ragt mitten im Wald eine gigantische Satellitenschüssel in die Luft. Sie hat einen Durchmesser von 100 Metern, der Länge eines Fußballfelds also, und ist 109 Meter hoch! Seit 1972 empfängt diese Parabolantenne Wellen aus dem Weltall. Schon 1956 stand auf dem Stockert, einer Bergkuppe ganz in der Nähe von Effelsberg, der »**Astropeiler**«. Er war das erste Radioteleskop der Bundesrepublik Deutschland. Bis zum Jahr 2000 war das Teleskop in Effelsberg das größte Radioteleskop der Welt. Mittlerweile wurde in den USA ein Gerät in Betrieb genommen, das ein wenig größer ist. Das Radioteleskop in Effelsberg bildet zusammen mit weiteren Radioteleskopen rund um den Globus ein internationales Netzwerk.

Während das **Radioteleskop** die Wellen des Weltalls mit einer Antenne auffängt und sie erst anschließend in optische Bilder umsetzt, arbeiten die über ganz NRW verteilten zahlreichen Planetarien und Sternwarten mit optischen Teleskopen, also mit Ferngläsern.

Darüber hinaus projiziert ein **Planetarium** ein Bild des Sternenhimmels in eine gewölbte Kuppel, während bei einer Sternwarte die Sterne am Himmel direkt beobachtet werden. Seit dem 19. Jahrhundert gibt es in vielen Städten öffentlich zugängliche **Volkssternwarten**. Als Region mit zahlreichen Städten verfügt NRW über eine besondere Dichte dieser Volkssternwarten. Da aber seit der Mitte des 20. Jahrhunderts die Städte nachts immer heller ausgeleuchtet werden, was die Beobachtung der Sterne erschwert, verlagert man den Bau neuer Sternwarten mittlerweile in die Randgebiete städtischer Zonen.

Häufig hört und liest man, dass Nordrhein-Westfalen aufgrund seiner starken nächtlichen Beleuchtung bereits aus großer Höhe des Weltalls als heller Fleck zu erkennen sei. Dies ist nicht von der Hand zu weisen, es ist aber auch nichts Außergewöhnliches. Tatsächlich lassen sich viele einzelne Elemente der Erdoberfläche aus sehr weiter Entfernung erkennen, sofern man sie mit den präzisen, hochtechnologischen Geräten, die der Wissenschaft im All zur Verfügung stehen, betrachtet.

Auch wenn wir heute längst nicht mehr unser Schicksal aus den Sternen lesen wollen: Die Forscher im Deutschen Zentrum für Luft- und Raumfahrt, kurz: **DLR**, sehen mit ihrem Blick ins All noch immer in die Zukunft. Und das aus NRW: In der Wahner Heide zwischen Köln und Bonn hat das DLR seinen Hauptstandort. Hier wird die Arbeit an sechzehn weiteren Standorten im gesamten Bundesgebiet koordiniert. Daneben unterhält das DLR Büros in Brüssel, Tokio, Paris und Washington. Auch wenn der Name »**Deutsches Zentrum**« lautet — gearbeitet wird international, sowohl mit Wissen-

schaftlern aus aller Welt als auch für die Zukunft der gesamten Welt. Das gemeinsame Ziel ist die Weiterentwicklung der Luft- und Raumfahrt. Aus diesem Grund stehen hier auch Nachbauten einzelner Bestandteile der **Internationalen Raumfahrtstation ISS**, die in 400 km Höhe über der Erde schwebt, originalgetreu und in Originalgröße. Denn Astronauten aus aller Welt werden vor ihrem Start ins All im DLR für ihren Aufenthalt auf der internationalen Raumfahrtstation trainiert.

Zwei grundsätzliche Fragen stellen sich natürlich, wenn man den Himmel über NRW betrachtet: Ist er über unserem Bundesland anders als an anderen Stellen Deutschlands? Und sieht unser **Sternenhimmel** immer gleich aus oder verändert er sich? Tatsächlich ist der Himmel über NRW ein anderer als in Bayern oder in Hamburg. Essen zum Beispiel, das auf dem 51. Breitengrad der Erde liegt, bietet einen anderen Blick auf den Himmel der nördlichen Erdhalbkugel als Hamburg auf dem 53. und München auf dem 48. Breitengrad. Hinzu kommt die laufende Veränderung der **Sternbilder** mit den Jahreszeiten Frühling, Sommer, Herbst und Winter.

Etwas ganz Besonderes muss der Himmel aber über einer bestimmten Stadt unseres Bundeslandes sein, so besonders, dass im Jahr 1962 ein Schlager geschrieben wurde, der von dem »Mond von Wanne-Eickel« schwärmt. Und wer nicht weiß, was an diesem Mond so besonders sein soll, fährt am besten selbst nach **Wanne-Eickel** und sieht sich die Sache an!

# V WIE VERKEHR

**Verkehr bewegt — Personen und auch Güter. Die wichtigste Erfindung für den Transport von Menschen und Waren ist das Rad. Dieses kannte der über die Grenzen unseres Bundeslandes hinaus berühmte Ureinwohner NRWs, der in der Nähe von Düsseldorf ansässige Neandertaler, noch nicht. Seine modernen Nachfahren aber haben sich zur Bewältigung ihrer Wegstrecken eine Menge einfallen lassen.**

NRW ist ein stark besiedeltes Bundesland. Es verfügt daher über ein dichtes Netz von Straßen aller Art: die Straßen in den Städten, die **Land- und Bundesstraßen** als Verbindungen im eher ländlichen Raum und die **Autobahnen**. Dass jeden Tag unzählige Autos über diese Straßen brausen, ist für uns nichts Ungewöhnliches. In NRW **pendelt** jeder zweite Erwerbstätige zur Arbeit, das heißt, die Menschen wohnen an einem anderen Ort, als sie arbeiten. Daneben transportieren Lastwagen Waren innerhalb Deutschlands und auch für den internationalen Frachtverkehr von Norden nach Süden. Wo viele Autos fahren, gibt es auch oft Staus. Darum hält NRW innerhalb Deutschlands den nicht besonders schmeichelhaften Rekord als »**Stau-Land**«.

Als hätte er vorausgesehen, dass es eines Tages auf den Straßen des Landes eng werden könnte, hatte vor etwa einhundert Jahren **Eugen Langen**, ein in Köln geborener Ingenieur und Erfinder, eine ganz besondere Idee: Damals wurde das Eisenbahnnetz des gesamten Deutschen Reichs ausgebaut. Anstatt aber nun eine Eisenbahn auf dem Boden oder gar zwischen den Kutschen und damals noch vereinzelten Automobilen auf der Straße fahren zu lassen, hängte Eugen Langen die Bahn, die anders als die Eisenbahn sogar mit Strom betrieben wurde, an einer Stahlschiene auf. Damit schwebte die Bahn

sozusagen durch die Luft. Diese platzsparende Erfindung war vor allem für eine Reihe von Orten, die sich im schmalen Tal der Wupper entwickelten und wuchsen, bestens geeignet. Die neu erfundene »Wuppertaler Schwebebahn« verband diese Orte miteinander, und später nannte man die Stadt, zu der sich die Orte entlang der Wupper zusammenschlossen, »Wuppertal«. Den allergrößten Teil der Strecke fährt die Wuppertaler Schwebebahn direkt über dem Flussbett der Wupper. Beinahe weltberühmt wurde die Schwebebahn im Juli 1950. Damals geschah etwas Unglaubliches: Die junge Elefantendame **Tuffi** sprang in zwölf Metern Höhe aus der Bahn in die Wupper — und holte sich beim Sturz ins Wasser nicht mehr als eine Schramme an ihrem grauen Hinterteil.

So verrückt die Geschichte von Tuffi schon ist — es kommt noch viel besser: In NRW sind nicht nur schon Elefanten in öffentlichen Verkehrsmitteln gefahren, sondern früher, vor hundert Jahren bis zu Beginn unseres Jahrhunderts, fuhren hier ganze Schiffe Aufzug! NRW besitzt mit den Flüssen Rhein, Ruhr, Lippe und Weser vier **schiffbare Flüsse**. Daneben gibt es fünf Kanäle, also künstlich geschaffene Wasserwege, die die schiffbaren Flüsse miteinander verbinden.

Will ein Schiff zum Beispiel von der niederländischen Grenze zur Weser in Ostwestfalen gelangen, kann es allerdings nicht einfach von A nach B durchfahren, so wie wir das vom Auto- oder Bahnfahren kennen. Es kommt nämlich immer wieder vor, dass sich der Wasserweg ein wenig höher oder tiefer fortsetzt als auf dem zuletzt befahrenen Stück. Das liegt an den **Staustufen**, die in die Gewässer eingezogen wurden. Die Gründe, eine Staustufe zu bauen, sind vielfältig: Man kann einen Fluss stauen, um Energie zu gewinnen, oder auch, um seine Fließgeschwindigkeit zu verlangsamen. Bei Kanälen braucht man Staustufen, damit das Wasser nicht einfach in den nächsten Fluss abläuft, denn ein **Kanal** hat keinen natürlichen Ursprung, aus dem Wasser nachfließen kann. Was aber macht ein Schiff, wenn es vor einer solchen Stufe nach oben oder nach unten steht? Im Regelfall benutzt es eine **Schleuse**. Dies ist ein Becken, eine Art »Schiffsbadewanne«, in die Wasser hineingepumpt oder aus der es abgelassen wird, bis sich der Wasserspiegel und damit das im Becken liegende Schiff auf der Höhe des nächsten Fluss- oder Kanalabschnitts befindet.

Beim 1899 eingeweihten Schiffshebewerk **Henrichenburg** in Waltrop am Dortmund-Ems-Kanal hingegen wurde nicht der Wasserspiegel gehoben oder gesenkt, vielmehr wurde die »Badewanne« mitsamt Schiff 14 Meter aufwärts oder abwärts bewegt. Dieser **»Schiffsaufzug«** war damals eine Sensation: allermodernste Technik, die auch bis in die 1970er-Jahre in Betrieb blieb. Der große Vorteil eines Schiffshebewerks war und ist, dass es bedeutend schneller arbeitet als eine Schleuse. Es dauert viel länger, die Wassermassen des Beckens, in dem das Schiff liegt, zu- oder abzulassen, als die mit nur soviel Wasser wie nötig gefüllte »Badewanne« mitsamt dem Schiff in die Höhe zu stemmen oder abzusenken. Und ob sich ein großes Schiff darin befindet oder ein kleineres oder gar keines — das Gewicht der »Badewanne« bleibt immer gleich, weil

nach den Gesetzen der Physik das Gewicht des Wassers, das von einem Schiff verdrängt wird, dem Eigengewicht des Schiffes entspricht. Wie wichtig das Hebewerk Henrichenburg für den Güterverkehr des damaligen preußischen Staates war, zeigt sich an seiner bemerkenswerten Architektur. Über der Einfahrt, genau in der Mitte des Kanals, prangt der »Reichsadler«, das Emblem des damaligen Kaiserreichs. Seit den 1960er-Jahren gibt es ein »neues« Schiffshebewerk in Henrichenburg. Da aber mittlerweile gleich daneben eine sogenannte Sparschleuse in Betrieb genommen wurde, ist auch das »neue Hebewerk« seit dem Jahr 2005 nur noch ein Baudenkmal.

Zu Lande, zu Wasser und auf Schienen findet der Verkehr in NRW statt — und natürlich auch in der Luft. Abheben kann man in NRW von insgesamt sechs Flughäfen: aus Düsseldorf, Köln/Bonn, Dortmund, von Weeze am Niederrhein, aus Paderborn/Lippstadt und aus Münster/Osnabrück. Hinzu kommen eine Reihe kleinerer Sport- und Segelflughäfen und die sogenannten Verkehrslandeplätze, die über ganz NRW verstreut sind, sowie auch Flughäfen, die rein gewerblich oder militärisch genutzt werden. Die größten Flughäfen des Landes sind der Flughafen Düsseldorf und der Flughafen Köln/Bonn. Düsseldorf hat sogar den drittgrößten Flughafen Deutschlands und zudem den bundesweit höchsten Tower, also den Beobachtungsturm des Flughafens. Mehr als 20 Millionen Passagiere nutzen diesen großen Flughafen jährlich. Von Düsseldorf aus starten Flugzeuge in die ganze Welt: Rund 180 Ziele in 50 Ländern werden angeflogen. Der Flughafen Köln/Bonn kommt jährlich auf gut 9 Millionen Passagiere. Neben dem Personenverkehr ist er für den Frachtverkehr sehr wichtig. Viele Güter, die wir täglich konsumieren, kommen über ihn in unser Land: Gemüse, Obst, Fisch, Fleisch und vieles mehr, was leicht verderblich ist, wird per Flugzeug nach Köln/Bonn gebracht. Von hier aus geht es meistens mit LKWs weiter in andere Regionen NRWs und Deutschlands.

# W WIE WESTFALEN

Niedersachsen

REGIERUNGSBEZIRK MÜNSTER

REGIERUNGSBEZIRK DETMOLD

Westfalen

REGIERUNGSBEZIRK ARNSBERG

DÜSSELDORF

Hessen

Bergig wie das Siegerland und platt wie rund um Münster, großstädtisch wie Dortmund und beschaulich wie Ostwestfalen, reichlich Niederschläge und dazwischen Unna, die sonnenreichste Stadt NRWs — die Region Westfalen ist so vielfältig, dass man sie mit Schlagworten nicht fassen kann!

Vor dem Zweiten Weltkrieg und während des Kaiserreichs hieß der östliche Teil unseres Bundeslandes »Preußische Provinz Westfalen«. Die Grenze zur damaligen Rheinprovinz war genau abgesteckt; sie verlief mitten durch eine Region, die uns heute ganz selbstverständlich als eine Einheit erscheint, nämlich durch das Ruhrgebiet. Die Stadt

**Essen** gehörte zum Rheinland, **Bochum** hingegen zu Westfalen. Noch heute ist an der Stadtgrenze Essen – Wattenscheid ein Grenzstein zu sehen, der die beiden Regionen säuberlich voneinander trennt.

Durch die Zusammenfassung der Provinz Westfalen mit dem nördlichen Teil der Rheinprovinz im Jahr 1946 entfiel diese Grenze und das Ruhrgebiet lag fortan im Herzen des neuen Bundeslandes NRW. Manche Menschen behaupten allerdings, dass diese Grenze noch etwas ganz anderes markiert, nämlich die unterschiedlichen **Temperamente** der Westfalen und der Rheinländer: Die Westfalen gelten als bedächtig, die Rheinländer als lebensfroh. Sieht man genau hin, bemerkt man das Augenzwinkern desjenigen, der so etwas sagt. Denn unsere heutige mobile Gesellschaft ist längst so durchmischt, dass diese Etiketten an niemandem mehr kleben bleiben.

Westfalen hat eine Fläche von 21 427 km². Es ist aufgeteilt in drei **Regierungsbezirke**: Arnsberg, Münster und Detmold. **Münster** ist für das nördliche Westfalen zuständig, **Arnsberg** für den Süden und die kleine ehemalige Residenzstadt **Detmold** für den Osten des Landes. Aufgrund seiner größeren Fläche und seiner geringeren Einwohnerzahl ist die durchschnittliche Besiedelung Westfalens geringer als die des Rheinlands. Während in den rheinischen Regierungsbezirken im Schnitt 742 Menschen auf einem Quadratkilometer wohnen, sind es in Westfalen nur 380. In den **Ballungsräumen** des Ruhrgebiets liegt die **Bevölkerungsdichte** allerdings ähnlich hoch wie in den Großstädten des Rheinlands. Neben den verbreitet ländlichen Strukturen im Münsterland und Ostwestfalen stehen die eher industriell geprägten südlichen Landesteile. Der nördliche Teil und auch der Osten Westfalens gehören kulturell zu Norddeutschland und dem angrenzenden Niedersachsen. Erkennbar wird dies an der Architektur dieser Landstriche: stattliche **Bauernhöfe** in der typischen Ziegelbauweise im Münsterland und reich verzierte **Kaufmannshäuser** aus dem 16. und 17. Jahrhundert entlang der Weser.

Und an dieser Stelle springt uns nun — endlich! — noch einmal das **Westfalenpferd** durch den Text. Denn wie lautet der Titel dieses Lexikons? »Was macht das Pferd da auf der Fahne?« Aber ist dieses Ross ohne Reiter denn wirklich ein waschechter Westfale oder etwa ein geschenkter, wenn nicht sogar geklauter Gaul? Die Antwort auf diese Frage muss wohl heißen: beides gleichzeitig. Das Westfalenpferd im NRW-Wappen ist eine Art

Abkömmling des **Sachsenrosses**, das als schreitendes Pferd das Wappen von Niedersachsen bildet. Anstatt gemütlich Schritt zu gehen, hat sich das Westfalenpferd im Lauf der Zeit allerdings selbstständig gemacht: Es hat sich aufgerichtet und auch sein Schweif ragt in die Luft. Dennoch verweisen die beiden Wappentiere auf die historische Verbindung zwischen Westfalen und Niedersachsen. Immer wieder sehen wir das Westfalenpferd durch Westfalen springen. So schmückt es auch das Wappen des in Münster ansässigen **Landschaftsverbands Westfalen-Lippe**. Und apropos Münster: Ein besonderer Platz in der Geschichte fällt Westfalen durch den »**Westfälischen Frieden**«

zu. In den Jahren von 1618 bis 1648 tobte in ganz Europa der **Dreißigjährige Krieg**. Er war eine Katastrophe unaussprechlichen Ausmaßes. Drei Jahrzehnte lang bekämpften sich die Machthaber aller Länder von Spanien bis hinauf nach Schweden und von Böhmen bis in die Niederlande. Der Krieg verbreitete Krankheiten und Armut. Er reduzierte in einigen Landstrichen die Bevölkerung auf ein Drittel der Einwohner und schädigte einzelne Regionen wirtschaftlich so nachhaltig, dass sie mehr als ein Jahrhundert brauchten, um sich von den Folgen zu erholen. Sein Ende aber fand dieser schreckliche Krieg — ja, tatsächlich: in Westfalen! Über einen Zeitraum von insgesamt sieben Jahren wurde der Westfälische Friede in **Münster** und in **Osnabrück** ausgehandelt und beendete schließlich den Dreißigjährigen Krieg. Wie stolz die Stadt Münster darauf war, dass die **Friedensverhandlungen** in ihren Mauern geführt worden waren, erkennt man an der Inschrift einer goldenen Münze aus dem **Jahr 1648**. Sie lautet:

## HINC·TOTI·PAX·INSONAT·ORBI

»Von hier erschallt der Friede dem ganzen Erdkreis.«

Wie schön wäre es gewesen, wenn dieser Friede im ganzen Erdkreis für immer angehalten hätte! Seinen Ruf als Stadt des Friedens aber hat Münster bis ins 20. Jahrhundert hinein behalten. So trafen sich im Jahr 1990 der deutsche Politiker **Hans-Dietrich Genscher** und sein sowjetischer Kollege **Edward Schewardnadse** in Münster, um dort einen Schritt vorzubereiten, der schließlich für den Frieden in Europa ähnlich wichtig werden sollte wie damals der Westfälische Friede: nämlich Vorgespräche zu führen, die in die **Wiedervereinigung** von Ost- und Westdeutschland im Jahr 1990 mündeten.

# X WIE XANTEN

"Barbaren"

XANTEN

Colonia Ulpia
Traiana

★ DÜSSELDORF

Colonia Claudia
Ara Agrippinensium

Vicus Bonna

»Salve!« So begrüßten sich früher die Menschen in Xanten, wenn sie einander begegneten.

Nicht mit »Hallo« und auch nicht mit »Guten Tag« oder einem »Wie geht's?«, sondern in fließendem **Latein**. Das lag daran, dass Xanten damals, im 1. Jahrhundert n. Chr., »**Colonia Ulpia Traiana**« hieß und eine römische Siedlung war. Schon zwischen 12 und 13 v. Chr. hatten sich die Römer bis zum Rhein ausgebreitet. Zunächst gab es nur einfache Lager für die **Legionäre**, die römischen Soldaten. Da diese Soldaten aber mit Lebensmitteln, Kleidung, Waffen und allem, was man sonst zum Leben brauchte, versorgt werden mussten, waren schnell Händler mit ihren Familien hinzugezogen.

Daraus ist eine Kolonie entstanden, die bald wie eine richtige Stadt funktionierte. Diese Stadt aber war nicht irgendeine Stadt, sondern sie war neben Köln, der damaligen »**Colonia Claudia Ara Agrippinensium**«, die einzige Kolonie in Niedergermanien und damit ein wichtiger Stützpunkt für das **Römische Reich**. Denn hier lagerte nicht nur ein Teil des Heeres, von hier aus wurde auch verwaltet: Die Römer errichteten Straßen, Wasserleitungen und Kanäle in den von ihnen eroberten Gebieten. Dazu sammelten sie Geld von den Bewohnern der Gegend ein, Steuern also, die bis heute kein Mensch gern zahlt, auf die aber kein Staat verzichten kann.

Obwohl Colonia Ulpia Traiana eine römische Stadt war, lebten hier nicht nur Römer und Römerinnen, sondern Menschen aus allen möglichen Gegenden, wie auch die Soldaten zum Teil aus den entfernten Gebieten des Römischen Reichs stammten, das von Schottland bis zur Sahara reichte. Damit herrschte in der Kolonie eine große kulturelle Vielfalt und ein munteres **Sprachengewirr** — aber irgendwie haben sich doch alle verstanden.

Prägend für die Stadt und das Leben ihrer Einwohner waren die römische Architektur und die Kultur der Römer. Noch heute kann man im **Archäologischen Park Xanten** Überreste der römischen Lebensweise besichtigen. Zu den beeindruckendsten Errungenschaften gehört sicherlich die **Badekultur** der Römer: Jede Stadt verfügte über weitläufige Thermenanlagen, in denen sich die Bevölkerung nicht nur zur Reinigung, sondern vor allem zur Entspannung und Erholung traf. Man konnte sich unterhalten, sich massieren lassen, Spiele spielen, und etwas zu essen und zu trinken gab es auch. Heute nennt man so etwas »**Wellness**«.

Nicht nur Xanten am Niederrhein, auch weite Teile NRWs sind durch die Römer und die römische Kultur geprägt worden.

Der Rhein war schon damals eine wichtige Wasserstraße, die militärisch und wirtschaftlich genutzt wurde und auch als Reiseweg für Personen diente. Die Fortbewegung per Schiff war in der **Antike** gegenüber rumpelnden Wagen, dem Pferdesattel oder zu Fuß wohl die angenehmste Form des Reisens. Allerdings musste man damals damit rechnen, dass ein Fluss einen eigenen Willen hatte und durchaus im Lauf der Jahre seinen Weg ändern konnte. So erging es den Einwohnern des heutigen Xanten: Während die Colonia Ulpia Traiana noch unmittelbar am Rhein lag, fließt dieser heute ein Stück vom Stadtkern entfernt an Xanten vorbei. Auch der Hafen des römischen Köln lag an einer anderen Stelle als heute, dort, wo es zu unseren Zeiten längst trocken ist. Andere Überreste römischer Hafenanlagen am Rhein hingegen sind mittlerweile im Flusslauf versunken. Bei **Königswinter** zum Beispiel muss es ebenfalls einen römischen Hafen gegeben haben, und wahrscheinlich haben schon die Beamten des Kölner **Prätoriums**, des wichtigsten Verwaltungssitzes Roms für ganz Niedergermanien, ihre Betriebsausflüge zum **Drachenfels** und möglicherweise auch zu den umliegenden Winzern gemacht. Den **Weinanbau**, der sich ab Königswinter entlang des Rheins nach Süden erstreckt, haben die Germanen jedenfalls von den Römern erlernt.

Während die Römer das westlich gelegene Rheinland vergleichsweise leicht eroberten und ihm durch ihre Anwesenheit ihren kulturellen Stempel aufdrückten, hatten sie östlich des Rheins mit ihren Ansiedlungen deutlich weniger Glück. Östlich des Rheins, das heißt allerdings nicht nur in Westfalen, sondern schon in unmittelbarer Nachbarschaft, gleich auf der rechten Rheinseite: Weder gegenüber dem »**Vicus Bonna**«, dem heutigen Bonn, noch gegenüber der »Colonia Claudia Ara Agrippinensium«, Köln also, ließen sich die germanischen Ureinwohner so ohne weiteres unterwerfen. Die feine römische Lebensart mit ihrem Luxus war ihnen schnuppe. Sie fühlten sich wohl, so wie sie waren. Sie hatten also eine etwas rustikalere Art als die eleganten Römer. Und das wird ihnen wohl den Spott eingebracht haben, mit dem die Römer auf sie herabsahen. Sie behaupteten nämlich, mit diesen Leuten von der anderen Rheinseite könne man ohnehin kein vernünftiges Wort reden, denn alles, was sie hervorbrächten, sei ein einziges »Rhabarber-Rhabarber« — wodurch die Germanen den Spitznamen »**Barbaren**« erhielten.

Längst sind die Römer wieder in südliche Gefilde zurückgekehrt. Was wir aber von ihnen behalten haben, sind zahlreiche, bis heute sichtbare Zeugnisse ihrer ehemaligen Anwesenheit: **Wasserleitungen**, die das Wasser aus der Eifel nach Köln brachten, Kanäle, die noch heute unter der Millionenstadt liegen, und Teile unseres modernen Straßennetzes, denn sowohl einige der Wege zu den Eifeler Bodenschätzen als auch **Fernhandelsstraßen** und Straßen, über die sich die militärischen Truppen bewegten, verlaufen seit der Römerzeit in gleicher Weise und sind die in ihrer Lage unveränderten Vorläufer unserer modernen Land- und Bundesstraßen.

# Y WIE YEN

»Yen« — dieser Begriff bedeutet »rundes Ding«. Er ist in Japan das, was in Deutschland der Euro ist, die Währungseinheit, das Geld also. Jetzt fragt man sich: »Was macht der Yen in einem Lexikon über NRW?«

Die Antwort darauf findet man in Düsseldorf. Dort gibt es in der Innenstadt ganze Straßenzüge mit japanischen Geschäften: mit Buchhandlungen, Apotheken, Supermärkten und Bäckereien, mit Reisebüros und noch vielem mehr. Hinzu kommen japanische Banken, Versicherungen und Handelsunternehmen, die hier ihre Büros haben. Japan ist so gegenwärtig, dass dieser Bezirk in manchen Internetstadtplänen sogar »Little Tokyo«, also »Klein Tokio«, genannt wird. Zugegeben, bezahlen kann man mit dem Yen in den Düsseldorfer Geschäften nun doch nicht so einfach. Aber die Kultur der japanischen Einwanderer und ihre Lebensart spielen in der Landeshauptstadt Nordrhein-Westfalens eine wichtige Rolle. Ein Stück Japan hat Einzug ins Rheinland gehalten — und ebenso wird ein wenig deutsche Kultur nach Japan gelangt sein.

Der Begriff »Einwanderung« ist für unser Bundesland ein wichtiges Stichwort. Die Bürger NRWs sind ein bunt gemischtes Volk. Von den etwa 18 Millionen Einwohnern unseres Bundeslandes sind rund 1,6 Millionen Ausländer. Das sind etwa 9%. Fast ein Viertel der Einwohner NRWs haben einen »Migrationshintergrund«, das heißt, sie stammen aus ursprünglich ausländischen Familien.

Die **Migration** nach NRW hat eine lange Geschichte: Schon vor mehr als einhundert Jahren, gegen Ende des 19. Jahrhunderts, setzte mit dem Aufschwung der Schwerindustrie eine erste deutlich erkennbare **Einwanderungswelle** ins Ruhrgebiet ein. Menschen aus den östlichen Provinzen des damaligen deutschen Kaiserreichs suchten und fanden Arbeit in den Zechen und Hüttenbetrieben. Obwohl sie dem Deutschen Reich angehörten, sprachen viele von ihnen nicht deutsch, sondern polnisch. Man gab ihnen den Namen

»**Ruhrpolen**«. Zunächst blieben die »Ruhrpolen« unter sich. Sie hatten eine eigene, polnischsprachige Zeitung und eigene Freizeit-vereine. Ihre Lebensweise aber unterschied sich nicht sehr von der der Alteingesessenen. Zur Annäherung der Gruppen mussten keine größeren kulturellen Hindernisse überwunden werden. Dies vereinfachte es beiden Seiten, die sowohl über die Arbeit als auch durch erste gemeinsame sportliche Unter-nehmungen wie Fußballspielen allmählich miteinander in Kontakt traten, die zunächst unbekannten Traditionen der jeweils neuen Kollegen in ihr Leben zu integrieren.

Eine nächste große **Migrationswelle** brachten die 1950er- und 1960er-Jahre mit sich. In der gesamten BRD herrschte damals **Arbeitskräftemangel**. Auch das Autoland NRW spürte dies empfindlich. Von nun an kamen

»**Gastarbeiter**« aus dem Mittelmeerraum, zunächst aus Italien, anschließend aus der Türkei, Portugal und Jugoslawien, zu uns. Allerdings erlebten die Gäste und Gastgeber das gegenseitige Fremd-sein viel deutlicher als zu Beginn des 20. Jahrhunderts bei den »Ruhr-polen«: Die kulturellen Unterschiede traten deutlich hervor und führten zunächst auf beiden Seiten zu Abgrenzungen. Nur langsam

und durchaus mühevoll gelang eine Annäherung. Interessanterweise verlief sie zu einem beträchtlichen Teil über das Essen: Im Jahr 1964 eröffnete in Duisburg die erste **Pizzeria** NRWs, bald folgten jugoslawische Restaurants. Je länger die Gastarbeiter blieben und je mehr von ihnen ihre Familien nachholten, desto mehr Geschäfte mit Lebensmitteln und anderen Waren aus ihrer Heimat eröffneten. Bescherten Spaghetti, Pizza und Cevapcici den Deutschen anfangs ein bisschen Ferienatmosphäre und Erinnerungen an den Urlaub, wurden diese Speisen nach und nach zu einem Teil des deutschen Alltags. Heute können wir uns ein Leben ohne Döner, Falafel und Pita nicht mehr vorstellen. Nicht nur unser Speiseplan, unser gesamtes Leben ist durch die Zuwanderung von Nicht-einheimischen bunter geworden.

Aber machen wir uns nichts vor: Ganz so rosig sieht die Wirklichkeit nicht aus. **Integration** ist ein Drahtseilakt, für die, die von außen kommen und sich integrieren wollen oder auch sollen, ebenso wie für die Einheimi-schen, die gleichfalls das bislang Unbekannte in ihr Leben eingliedern müssen. »Migration« — in diesem Begriff schwingt mit, dass sich etwas verändern wird, und zwar für die Menschen, die aus ihrer Heimat fortgehen, genauso wie für jene, die **Migranten** in ihrer Heimat aufnehmen. Wer von Zuhause fortgeht, lässt sich nicht nur auf etwas Neues ein, er lässt auch Altes hinter sich. Und das kann Konflikte schaffen. Früher führte Migration oft zu einer **Entwurzelung** in der alten Heimat, ohne in der neuen Heimat heimisch werden zu können. Unsere modernen Kommunikationsmethoden machen es heutigen Migranten leichter, Kontakt in ihr

106

**Herkunftsland** zu halten. Die Kehrseite dieser Medaille ist, dass das Bedürfnis, sich im neuen Land zu integrieren, abnimmt. Auf der anderen Seite erwarten die Gastgeber oft eine völlige Aufgabe der früheren Art und Traditionen, eine vollkommene Anpassung an die Gepflogenheiten des neuen Landes — was schwierig ist, weil jeder Mensch seine Identität, das Gefühl der eigenen Persönlichkeit, auch über seine Herkunft bezieht und über die Gewohnheiten, mit denen er aufgewachsen ist.

Wie aber kann nun das schwierige Kapitel »Migration« für Gäste wie Gastgeber zu einer **Erfolgsstory** werden? Die Schlüsselwörter lauten: »Durch Verständigung **Verständnis** wecken, durch Austausch Vielfalt ermöglichen.« Die Japaner in Düsseldorf haben es vorgemacht: Sicher war die Zeit, in der die Japaner nach Deutschland kamen, ein günstiger Moment. In den 50er-Jahren des letzten Jahrhunderts steckten den Menschen auf der ganzen Welt noch die schrecklichen Erfahrungen des Zweiten Weltkriegs in den Knochen, und es war klar, dass Frieden nur gelingen kann, wenn sich die Völker untereinander verständigen und miteinander vertragen. So machten beide Seiten von vornherein Schritte aufeinander zu, was neben der gegenseitigen gesellschaftlichen und kulturellen Bereicherung beider Länder nicht zuletzt auch einen wirtschaftlichen Erfolg mit sich brachte. Seit dem Jahr 1975 gibt es den »**Japanischen Garten am Rhein**«, ein Geschenk japanischer Kaufleute an ihre neue Heimat Düsseldorf. Die Stadt wiederum feiert seit dem Jahr 2002 jährlich den »**Japan-Tag**« — mit über einer Million Besuchern eines der größten Volksfeste in NRW. Die Deutschen finden Sushi, Mangas und japanisches Design gut, die Japaner lieben deutsche Dichter und Komponisten. Und am Ende des Tages gehen alle nach Hause: Die Japaner ziehen gemäß japanischer Tradition nach wie vor die Schuhe aus, bevor sie ihre Wohnung betreten, und die meisten Deutschen lassen es eben. So kann jeder auf seine Weise glücklich sein.

# Z wie ZEITUNG

Manche von ihnen behaupten in ihrer Werbung, dahinter stecke immer ein kluger Kopf. Andere fordern uns mit Schlagzeilen auf, uns nur ja unsere Meinung zu bilden! In vielen Haushalten liegt sie morgens auf dem Frühstückstisch und schon am nächsten Tag gibt es nichts, was älter ist als die Nachrichten, die gestern in ihr zu lesen waren. Die Rede ist von der Zeitung.

NRW hat etwa 18 Millionen Einwohner und die wollen täglich mit Neuigkeiten versorgt werden. Dazu erscheinen in rund 40 **Verlagen** Tageszeitungen. Ihnen entnimmt der Leser alles, was ihn an diesem Tag interessieren könnte: die Entwicklungen in der »großen« Politik, also der **Bundespolitik**, und im Ausland, Wirtschaftsnachrichten, Kulturnachrichten, Klatsch über Stars und Sternchen, aber auch Dinge, die unmittelbar vor der eigenen Haustür passieren — ob es die **Kommunalpolitik** ist, ein Handtaschenraub oder zu viele Schlaglöcher in den Straßen der Stadt oder des Kreises. Bei einer Auflage von über vier Millionen Exemplaren täglich ist NRW besonders reich mit Tageszeitungen bestückt.

Die erste **Tageszeitung** der Welt erschien 1650 in Leipzig. Ihr Herausgeber, der Drucker **Timotheus Reutzsch**, nannte sie »Einkommende Zeitungen«, wodurch sich der Name »Zeitung«, der zu jener Zeit einfach nur ein anderer Begriff für »Nachrichten« war, für das regelmäßige Nachrichtenblatt eingebürgert hat. Im heutigen NRW war die »**Lippische Landes-Zeitung**« die erste regelmäßig erscheinende Tageszeitung. Damals, im Jahr 1767, nannte sie sich noch »**Lippische Intelligenzblätter**«, wobei der Begriff »Intelligenz« wiederum nichts mit »Klugsein« zu tun hatte, sondern einfach ein anderes Wort für »**Information**« darstellte. Die auflagenstärkste regionale Zeitung in NRW ist die **WAZ**, die

Westdeutsche Allgemeine Zeitung. Sie versorgt mit 28 **Lokalausgaben** — das sind Ausgaben, die sich neben einem allgemeinen politischen Teil mit den Ereignissen eines bestimmten Ortes oder einer Region befassen — und mit rund 400 000 Exemplaren täglich das gesamte Ruhrgebiet, das Sauerland, Westfalen und den Niederrhein.

Seit ihrer Erfindung war die Zeitung, neben der mündlichen **Überlieferung**, bis ins 20. Jahrhundert hinein das Nachrichtenmedium schlechthin. Dann aber kam Mitte der 1920er-Jahre das **Radio** und machte den gedruckten Nachrichten Konkurrenz. In alten Filmen kann man sehen, wie ganze Familien gebannt vor den Geräten sitzen und der sogenannten Stimme aus dem **Äther**, das heißt etwa: »der Stimme aus dem Himmel, der Luft«, lauschen. Seit den 1960er-Jahren trat das **Fernsehen** seinen Siegeszug an und wurde damit zu einem wichtigen Nachrichtenübermittler. Den von einem Sprecher gesprochenen Nachrichten folgten irgendwann die Nachrichten im **Video**- oder **Teletext**, und mittlerweile kann man im **Internet** jederzeit sowohl Nachrichtensendungen als auch Zeitungsnachrichten abrufen.

Schon vor dem Zweiten Weltkrieg war das heutige NRW mit den Zeitungen seiner zahlreichen Städte und Gemeinden recht gut bestückt. Nach dem Zweiten Weltkrieg entwickelte es sich zu dem, was wir heute ein »**Medienland**« nennen und was zu einem wichtigen wirtschaftlichen und kulturellen Element unseres Bundeslandes geworden ist: Schon seit 1926 hatte es in Köln einen **Rundfunksender** gegeben. Nach dem Krieg wurde zunächst in Hamburg ein Sender in Betrieb genommen, der zusammen mit Köln im heutigen NRW und in Norddeutschland sendete. Während der 1950er-Jahre aber entstanden aus dem Gemeinschaftssender **NWDR** zwei neue Sender, der **NDR** (Norddeutscher Rundfunk) und der **WDR** (Westdeutscher Rundfunk). Der WDR hat seinen Sitz in Köln und unterhält in allen größeren Städten Nordrhein-Westfalens Regionalstudios. Er produziert Radio- und

**Lindenstraße**

Fernsehsendungen. Mit seiner Fernsehsparte gehört er zur Sendergemeinschaft ARD, dem sogenannten **1. Programm**, und ist dort der größte Sendungszulieferer für das in ganz Deutschland ausgestrahlte Fernsehprogramm.

Seit Mitte der 1980er-Jahre gibt es zudem das **Privatfernsehen**. 1988 ließ sich der Privatsender »RTL plus« in Köln nieder. Während sich die »**Öffentlich-rechtlichen Rundfunkanstalten**« ARD und ZDF über die Beiträge finanzieren, die die Zuschauer zahlen müssen, erhalten die Privatsender ihr Geld aus Werbeeinnahmen. Sowohl WDR als auch RTL mit den dazugehörigen Sendern VOX und n-tv haben das Rheinland als **Medienstandort** weiter wachsen lassen. An den Stadtgrenzen Kölns befinden sich Fernsehstudios und Produktionsgebäude. Auf einem dieser Produktionsgelände wird seit 1985 die erste Deutsche »**Seifenoper**« gedreht, die Fernsehserie »**Lindenstraße**«, die im WDR und in der ARD ausgestrahlt wird. Auch der RTL-Dauerbrenner »**Wer wird Millionär?**« wird im unmittelbaren Kölner Umland aufgezeichnet.

Darüber hinaus finden in NRW regelmäßig Deutschlandpremieren herausragender **Kinofilme** statt. Ein wichtiger Ort dafür ist das Essener Kino »**Lichtburg**«, das mit seinen heute 1250 Sitzen den größten Kinosaal Deutschlands beherbergt. Und auch Preise werden verliehen, der **Deutsche Comedypreis** und der **Deutsche Fernsehpreis**. Dazu rollt Köln den bekanntesten Schauspielern der Republik regelmäßig den roten Teppich aus. Ein Hauch von Glamour und **Hollywood** weht dann am Rhein.

Das modernste Medium unserer Zeit ist zweifellos das Internet. Wiederum hat NRW hier einen entscheidenden Vorteil: Aufgrund seiner dichten Besiedelung und städtischen Prägung ist ein hoher Prozentsatz von Einwohnern unseres Bundeslandes mit schnellen **Internetzugängen** versorgt. Das Internet bietet Informationen, Unterhaltung und die Möglichkeit zur Kommunikation. Das boten bislang auch Fernsehen, Radio und Zeitungen, doch im Gegensatz zu jenen ist das Internet nicht an bestimmte **Ausstrahlungszeiten** gebunden. Und im Unterschied zur gedruckten Zeitung können die Meldungen im Internet laufend aktualisiert werden. Ein Nachteil des Internets ist allerdings, dass dort jedermann ungeprüfte Informationen einstellen kann, die leider nicht immer richtig sind. Anstatt Orientierung zu bieten, stiftet das Internet damit also auch oft Verwirrung.

Neben dem modernen Internet aber existiert gleichzeitig noch immer ein sehr altes Medium: das **Buch**. In den letzten Jahren siedelten sich immer mehr **Buchverlage** in NRW an. Zurzeit sind es mehr als 500, die mit der Anzahl ihrer veröffentlichten Titel im Jahr 2012 12,1% der gesamten deutschen Buchproduktion stellten. Damit liegt NRW an dritter Stelle hinter Baden-Württemberg (12,2%) und Bayern (14,8%). Es ist wohl kein Zufall: Gerade am Medium Buch, damit auch am »**NRW-Lexikon für Kinder**«, auf dessen letzter Seite wir nun angekommen sind, zeigt sich, wie eng Tradition und Fortschritt miteinander verwoben sind. Ohne die ersten Schriftzeichen, die in Tontafeln geritzt oder auf Papyrus und Pergament geschrieben wurden, würde es unsere modernen Medien niemals geben.

Unsere Zukunft wird immer an die Erfahrungen der Vergangenheit gebunden sein, und das Gestern muss im Heute ebenso seinen Platz haben wie das Morgen. Dass dieses Buch den Kindern von NRW einen Überblick geben kann, wie es in unserem Bundesland einmal war, wie es ist und wie es vielleicht einmal sein wird — dafür drücken wir uns alle die Daumen!

# P.S.: WAS WIR NOCH SAGEN WOLLTEN ...

**Wisst ihr noch? Zu Beginn dieses Buches haben wir euch zum Neugierigsein eingeladen. Die Neugier ist nämlich das beste Mittel gegen Langeweile.**

Es gibt Menschen, die machen ihre Neugier zum Beruf und sind dann von Berufs wegen neugierig. Diese Menschen nennt man Journalisten. Der Journalist Martin Mölder hat vor einiger Zeit eine großartige Idee gehabt. Er fand, es müsste einmal jemanden geben, der von A bis Z alles über Nordrhein-Westfalen aufschreibt, was für unser Bundesland charakteristisch ist und — vor allem! — was Kinder interessieren könnte. Und weil Martin Mölder nicht nur neugierig ist, sondern auch gern andere mit seiner Neugier ansteckt, hat er zusammen mit einem jungen Team allerlei über NRW zusammengetragen, recherchiert und aufgeschrieben. Für die wichtigen Vorarbeiten, die Simon Schlömer, Jacqueline Behrens und Mona Happ damit für dieses Buch geleistet haben, gebührt den drei Nachwuchs-Journalisten ein ganz großes Lob!

SUPER!

**Impressum**
© Greven Verlag Köln, 2014
Lektorat: Yvonne Caroline Schauch, Düsseldorf
Gestaltung: Silvia Cardinal, Köln
Lithografie: farbo prepress GmbH, Köln
Druck und Bindung: Offizin Andersen Nexö Leipzig GmbH
Alle Rechte vorbehalten.
ISBN 978-3-7743-0625-7
Detaillierte Informationen über alle unsere Bücher findet Ihr unter:
www.Greven-Verlag.de